现代博物馆文化教育及其数字化建设研究

张 滢 ◎ 著

中国书籍出版社
China Book Press

图书在版编目（CIP）数据

现代博物馆文化教育及其数字化建设研究 / 张滢著
. -- 北京：中国书籍出版社，2023.12
ISBN 978-7-5068-9635-1

Ⅰ.①现… Ⅱ.①张… Ⅲ.①博物馆—文化教育—数字化—建设—研究 Ⅳ.① G266-39

中国国家版本馆 CIP 数据核字 (2023) 第 213485 号

现代博物馆文化教育及其数字化建设研究
张　滢　著

图书策划	邹　浩	
责任编辑	毕　磊	
责任印制	孙马飞　马　芝	
封面设计	博健文化	
出版发行	中国书籍出版社	
地　　址	北京市丰台区三路居路 97 号（邮编：100073）	
电　　话	（010）52257143（总编室）　（010）52257140（发行部）	
电子邮箱	eo@chinabp.com.cn	
经　　销	全国新华书店	
印　　厂	北京四海锦诚印刷技术有限公司	
开　　本	710 毫米 ×1000 毫米　1/16	
印　　张	10.5	
字　　数	230 千字	
版　　次	2024 年 1 月第 1 版	
印　　次	2024 年 1 月第 1 次印刷	
书　　号	ISBN 978-7-5068-9635-1	
定　　价	68.00 元	

版权所有　翻印必究

前 言

博物馆是人类社会发展的智慧结晶，是人类文明艺术瑰宝的存留之地。因此，其具有收藏、研究和教育三大主题功能，进一步发挥其中的教育功能是当代博物馆的重要责任。博物馆作为文化传承和展示的重要场所，为人们提供了解和体验各种文化的机会，满足社会发展中的多元化需求。通过传递文化、历史和艺术知识，激发人们保护和尊重文化遗产的意识，博物馆文化教育推动了社会可持续发展的理念和行动，促进了文化的传承和保护。随着科技的迅猛发展和数字化的普及，博物馆文化教育正面临着前所未有的机遇和挑战，传统的展览方式已逐渐无法满足当代公众的需求。在这个数字化时代，博物馆如何利用现代技术手段和数字化建设来创新文化教育，是我们需要思考和探索的重要课题。

本书围绕博物馆文化教育与数字化建设开展研究。全书以博物馆及其教育理论基础为切入点，分析了博物馆文化教育的使命与特征、博物馆转型升级与文化教育实现以及博物馆文化教育的可持续发展，接着着重探讨了博物馆教育活动中的文化载体应用、博物馆陈列展览与文化教育、博物馆文创产品教育功能及开发营销的相关内容。同时，分析了博物馆数字化建设的现实条件，并提出了有效建议。最后，研究了博物馆数字化建设的新技术运用与发展。笔者写作时力争做到结构严谨，内容翔实，通俗易懂，力求为相关读者在知识层面提供一定参考价值。

在本书的写作过程中，笔者参考了大量博物馆文化教育与数字化建设方面的资料，在此对相关作者表示诚挚的谢意。由于笔者水平有限，加之时间仓促，书中所涉及的内容难免有疏漏与不够严谨之处，希望各位读者多提宝贵意见，以待进一步修改，使之更加完善。

笔 者

2023 年 8 月

目 录

第一章 博物馆文化教育及可持续发展 ………………………………… 1
第一节 博物馆及其教育理论基础 ……………………………………… 1
第二节 博物馆文化教育的使命与特征 ………………………………… 25
第三节 博物馆转型升级与文化教育实现 ……………………………… 29
第四节 博物馆文化教育的可持续发展 ………………………………… 33

第二章 博物馆教育活动的组织管理与文化应用实践 ………………… 38
第一节 博物馆教育活动的组织与管理 ………………………………… 38
第二节 博物馆教育中传统节日文化的应用 …………………………… 46
第三节 非物质文化遗产在博物馆教育中的实践与思考 ……………… 50

第三章 博物馆陈列展览与文化教育研究 ……………………………… 59
第一节 博物馆陈列展览的基本理论 …………………………………… 59
第二节 博物馆陈列展览的策划与实施 ………………………………… 81
第三节 文化教育展览的主题解读与展示方式 ………………………… 107
第四节 博物馆陈列展览中红色文化教育的融入 ……………………… 112

第四章 博物馆文创产品教育功能及开发营销 ………………………… 117
第一节 博物馆文创产品的教育内涵与功能 …………………………… 117
第二节 博物馆文创产品教育发展的策略 ……………………………… 119
第三节 博物馆文创产品开发与宣传营销 ……………………………… 121

第五章 博物馆数字化建设的现实条件及建议 ………………………… 126
第一节 博物馆数字化的内涵及价值 …………………………………… 126
第二节 博物馆在数字化建设中面临的问题与不足 …………………… 130

  第三节 博物馆在数字化建设中的创新案例及启示 …………………… 132

  第四节 推动我国博物馆数字化建设的建议 ………………………… 136

第六章 博物馆数字化建设的新技术运用与发展研究 …………………… 139

  第一节 多媒体技术与博物馆数字化建设 ………………………… 139

  第二节 物联网技术与博物馆数字化建设 ………………………… 145

  第三节 文旅融合背景下博物馆数字化建设 ………………………… 147

  第四节 数字化背景下智慧博物馆的建设研究 ……………………… 153

参考文献 ………………………………………………………………………… 158

第一章 博物馆文化教育及可持续发展

第一节 博物馆及其教育理论基础

一、博物馆概述

博物馆不仅是文化和教育的重要场所,还扮演着保存历史、艺术和科学遗产的关键角色。

(一) 博物馆的称谓及定义

1. 博物馆的称谓变化

今天我们汉语中所使用的"博物馆"一词是近代才由英语"Museum"翻译而来的。而包括英语、法语、德语、意大利语、西班牙语在内的大部分西方语言,甚至俄语中的"博物馆"一词则全都来源于希腊语"Mouseion",意即"供奉缪斯、从事研究之处所"。缪斯(Muses)就是古希腊传说中主管文化艺术的九位女神。1683年,世界上第一座现代意义的博物馆——阿什莫尔艺术和考古博物馆建成开放并正式使用"Museum"命名。自此,"Museum"遂成为博物馆的固定称谓,并一直沿用至今。

尽管我国古代文献中早有"博物"一词,但"博物"与"馆"连用,作为一种社会文化教育机构的称呼,则出现得比较晚,仅有100多年的时间。中国对西方博物馆的接触和了解,始于19世纪中叶。鸦片战争结束后,中国到西方出访、留学的人逐渐增多。这些追求知识和真理的人大都被西方形形色色的博物馆所吸引,因此,在他们的游记和随笔中,时常有参观西方博物馆的记述,而他们对这些博物馆的称呼却各不相同,如"集宝楼""积宝楼""禽骨馆""画阁""军器楼"等,并没有统一的称谓。

1867—1870年,晚清著名思想家王韬在欧洲诸国游历,回国后在他所著的《漫游随录》中首先使用了"博物院"一词来称呼西方的博物馆,但这个称呼当时并没有普及开来。与此同时,日本也积极遣使造访和学习西方。其中,赴美使节团中的名村元度于1860年便开始使用"博物馆"一词。明治时代的资产阶级启蒙思想家福泽谕吉随幕府使节团造访欧美之后,更是在其所著的《西洋情况》初编(卷之一,1866年出版)中明确指出

"博物馆乃以搜集世界上之物产、古物、珍品等出示于人，以广见闻而设立者也"。

但是，直到19世纪70年代中叶以后，"博物馆（博物院）"才逐渐成为"Museum"的固定译语。我国使用这个词是直接译自英语，还是借用了日本的翻译，尚存争议。但无论如何，汉语"博物馆"一词还是准确地表达了英语"Museum"的内涵。

2. 博物馆定义的不同形式

我们现在所能看到的较早的关于现代博物馆的定义可能产生于17世纪下半叶。在阿什莫尔与赫斯特关于特拉德斯干收藏归属问题的诉讼中，可以看到当时的法院将博物馆定义为：一个"贮存和收藏各种自然、科学与文学珍品或趣物或艺术品的场所"①。由此可见，虽然博物馆在当时已经被看作是为了保护藏品的安全而专门营造的建筑，但是却没有包含对藏品的测定、陈列和研究。因此，可以说，那时对博物馆的理解依然停留在与传统珍品收藏所等同的层面上。

这种定义显然无法反映自那以后，特别是近代以来博物馆翻天覆地的变化。20世纪以来，博物馆不仅在各国的社会生活中发挥着日益重要的作用，而且其发展也已逐渐成为国际性事务，尤其是博物馆学和国际博物馆协会产生之后，各国博物馆学者们更是对博物馆的定义提出了迫切的要求，希望就此达成国际范围内的共识。因为，如果没有一个科学、合理、准确、全面的博物馆定义，现代博物馆间的交流、合作以及博物馆学的教学和研究都很难进行。可是，人们在探索博物馆定义的实践中才慢慢发现，由于博物馆形态的多样性、职能的多重性、区域性文化特征与意识形态的差异性以及博物馆内涵与外延的历史性变化等原因，恰当定义博物馆实在是困难重重。

即便如此，长久以来，许多国家的博物馆组织和学者依然努力不懈，在结合本国国情和博物馆实践的基础上，提出了不少颇有见地的博物馆定义。例如：日本1951年制定的《博物馆法》中将博物馆定义为："收集、保管（包括培育）、陈列展出有关历史、艺术、民俗、产业、自然科学等资料，从教育角度出发供一般市民公众利用，为有助于提高其文化素养、供其调查研究、休息娱乐等而举办必要的事业，并对此资料进行调查研究为目的机构。"② 美国博物馆协会1962年通过的博物馆定义为："（博物馆是）非营利的永久性机构，其存在的主要目的不是为组织临时性展览，该机构应享有免交联邦和州所得税的待遇，向社会开放，由代表社会利益的机构进行管理，为社会的利益而保存、保护、研究、阐释、收集和陈列具有教育和欣赏作用的物品及具有教育和文化价值的标本，包括艺术品、科学标本（有机物和无机物）、历史遗物和工业技术制成品。符合前述定义的机构还

---

① 雷蒙德·阿古斯特，周秀琴. 博物馆的法定定义 [J]. 中国博物馆，1987（01）：86-92.
② 伊藤寿郎、森田恒之著；博物馆概论 [M]. 吉林省博物馆学会译. 长春：吉林教育出版社，1986：428-429.

包括具备上述特点的植物园、动物园、水族馆、天象厅、历史文化学会、历史建筑和遗址。"①《苏联大百科全书》则提出："博物馆是征集、保藏、研究和普及自然历史标本、物质及精神文化珍品的科学研究机构、科学教育机构。"我国现在普遍采取的博物馆定义是1961年文化学院文物博物馆干部学习班所编《博物馆工作概论》中的表述：博物馆是"文物和标本的主要收藏机构，宣传教育机构和科学研究机构，是我国社会主义科学文化事业的重要组成部分。"

虽然这些博物馆定义没有得到国际博物馆学界的普遍认可，但它们却都为本国博物馆事业的发展起到了积极的指导和推动作用，并为日后世界通用博物馆定义的形成提供了有益的借鉴。

其实，同各国的博物馆组织和学者一样，拥有众多世界各地博物馆和博物馆专业人员的国际博物馆协会（以下简称"国际博协"）自1946年成立伊始，就在一直努力，试图给博物馆一个恰当的定义。从1946年至今的70余年间，国际博协共召开了21届大会，其间，结合全球博物馆事业的发展，也曾多次对博物馆的定义展开讨论，并分别于1951年、1961年、1974年、1989年、1995年、2001年、2007年、2022年先后将修订后的定义写进国际博协章程。

1946年，国际博协创立之初的章程曾规定："博物馆是指向公众开放的美术、工艺、科学、历史以及考古学藏品的机构，也包括动物园和植物园，但图书馆如无常设陈列室者则除外。"

1951年修订后的博物馆定义为："博物馆是运用各种方法保管和研究艺术、历史、科学和技术方面的藏品以及动物园、植物园、水族馆的具有文化价值的资料和标本，供公众欣赏、教育而公开开放为目的的，为公共利益而进行管理的一切常设机构。"

1961年国际博协修订后的博物馆定义在形式上开始包括两部分内容：一部分（第3条）是对包括博物馆组织、目的、功能、工作对象和意义等基本要素的抽象表述，另一部分（第4条）则说明哪些机构可以被视为博物馆。这个定义在表述上较1951年的定义更加精练，同时，将"历史遗迹"和"自然保护区"也列入了博物馆的范畴。

1974年国际博协于丹麦哥本哈根召开的第10届大会暨第11次全体会议形成了现代通用博物馆定义的雏形，章程的第3条规定："博物馆是一个不追求营利、为社会和社会发展服务的公开的永久性机构。它把收集、保存、研究有关人类及其环境见证物当作自己的基本职责，以便展出，公之于众，提供学习、教育、欣赏的机会。"

到了1989年9月，在荷兰海牙举行的国际博协第15届大会暨第16次全体会议通过了

---

① 宋向光. 物与识：当代中国博物馆理论与实践辨析 [M]. 北京：科学出版社, 2009：36.

修订后的《国际博物馆协会章程》，其中的第 2 条总结了以往博物馆定义的经验，再次将博物馆的定义修正为：博物馆是为社会及其发展服务的非营利的永久机构，并向大众开放。它为研究、教育、欣赏之目的征集、保护、研究、传播并展示人类及人类环境的见证物。

博物馆之上述定义应不受任何主管机构、地方特征、职能机构或有关机构收藏方针等因素的限制而予以适用。除被指定为"博物馆"的机构外，为本定义之目的，以下机构（场所）也具有博物馆资格：从事征集、保护并传播人类及人类环境物证、具有博物馆性质的自然、考古及人类学的历史古迹与遗址；收藏并陈列动物、植物活体标本的机构，如植物园、动物园、水族馆和人工生态园；科学中心及天文馆；图书馆及档案中心常设的保护机构和展览厅；自然保护区；执行委员会经征求咨询委员会意见后认为其具有博物馆的部分或全部特征，或通过博物馆学的研究、教育或培训，能够支持博物馆及博物馆专业工作人员的此类其他机构。

与以往的博物馆定义相比，上述定义不仅更重视博物馆与社会的关系，强调博物馆要为社会及其发展服务，反映出了博物馆的社会参与性，而且更加关注社会公众与博物馆的关系，强调要向大众开放，反映出了博物馆与观众的互动性。同时，随着博物馆事业在全球的发展，它也体现了博物馆外延的变化，将具有博物馆性质的设施和机构都接纳为自己的伙伴。虽然在此之后国际博协还在继续努力对博物馆的定义进行调整和修订，如 1995 年和 2001 年分别对 1989 年定义的词序进行了调整，并且根据博物馆在全球发展的实际情况，对博物馆所包含机构的范畴有所扩充，而 2007 年修订的定义则只是将人类及人类环境的见证物细化为有形和无形的而已，但是，总体而言，它们都是在 1989 年定义基础上的微调。

2022 年，国际博协重新定义了博物馆，在 ICOM 官网上可以查到，博物馆的新定义："为社会服务的非营利性常设机构，它研究、收藏、保护、阐释和展示物质与非物质遗产。向公众开放，具有可及性和包容性，博物馆促进文化发展的多样性和可持续性。博物馆以符合道德且专业的方式进行运营和交流，并在社区的参与下，为教育、欣赏、深思和知识共享提供多种体验。"①

3. 博物馆定义的深入理解

现在通行的 1989 年国际博协关于博物馆的定义是在各国博物馆学家们长期探索的努力和实践中产生的，它不仅比较准确地揭示了现代博物馆的性质、目的和功用，而且揭示了博物馆在现代社会文化生活中的地位及其与社会和公众的关系。因此，准确、深入地领

---

① 被赋予新定义的博物馆 [N]. 中国文化报, 2022-09-02（A03）.

会这一定义的内涵，对于博物馆学和现代博物馆的建设都具有重要的指导意义。

(1) 关于"为社会及其发展服务"

博物馆定义中所提出的"为社会及其发展服务"，"标志着博物馆界终于开始正确认识到自己与社会的关系"[①]。

第一，博物馆之所以历经数百年而不衰，其重要原因就在于它保存和管理着人类社会发展历程的见证物，就在于它满足了不同时代人们通过历史呈现出来的对现实和未来的渴望。这便是社会对博物馆的基本需求。

第二，博物馆的发展与社会政治、经济、文化的发展密切相关。近现代博物馆就是在文艺复兴、自然科学兴起、启蒙运动、资产阶级革命和工业革命等一系列社会变革的推动下发展起来的。可以说，正是社会的发展推动和促进着博物馆的发展。

第三，随着博物馆界对"人"与"物"关系认识的不断深化，加上社区博物馆、邻里博物馆的兴起，博物馆和社会的联系日益强化，博物馆正在逐渐成为社会文化中心。所有这些都要求博物馆明确自身的公共责任，积极参与社会活动，关注社会的现实和未来，了解社会和公众的需求，通过科学的运作和管理，努力发挥博物馆的功用，以创造最大的社会效益，真正做到"为社会及其发展服务"。

概括地说，定义中的"为社会及其发展服务"，既可以看作是对长久以来博物馆社会化运动的总结，更是博物馆的根本使命和工作目标。

(2) 关于"非营利的永久机构"

博物馆定义中的"非营利的永久机构"可以从机构性质和实际运作两个角度加以理解。

基于机构性质的角度而言，"非营利的永久机构"是博物馆的法律身份，强调的是博物馆的基本性质。一方面，"非营利的永久机构"的工作经费和所需人力大多是政府资助或社会捐助的，提供资助的组织和个人并不在意经济报偿，而是更加关注组织行为的社会效益。因此，"非营利的永久机构"没有向其资助者、管理者和组织成员分配经济收益的压力。另一方面，"非营利的永久机构"多从事社会福利、教育、文化等方面的公益活动，其行为成效很难用经济收益标准加以评估。从以上两点可以看出，"非营利的永久机构"是以其根本目的为导向的，即推进社会的积极变革和发展，提高公众素质，提供社会需要的物品和服务。对机构性质的说明和规定，有助于博物馆享受相关的优惠政策，更好地参与和其他相关机构的社会竞争。同时，也是对博物馆活动领域和运作方式的规范和制约。

基于实际运作的角度而言，所谓"非营利的永久机构"并不意味着博物馆"不应当

---

① 严建强，梁晓艳. 博物馆（MUSEUM）的定义及其理解 [J]. 中国博物馆，2001（01）：18-24.

营利"或"不能营利",而是指它"不追求营利"或"不以营利为目的"。其实,近年来国内外的博物馆普遍存在着资金短缺的问题。虽然欧美国家博物馆的经费及其来源较我国更为充裕和广泛,它们不仅有国家拨款,而且还可以获得许多社会资助和捐赠,而我国则只能更多地依靠国家财政拨款,但是当它们面对日益庞杂的自身运作开销,以及藏品收购、维护、保险、陈列、布展与进行科学研究所需的业务花销和提高软硬件条件所需投入的资金等经费问题时,都难免显得捉襟见肘。在这种情况下,为了更好地发挥博物馆作为永久性社会公益机构的作用,国内外博物馆也都会积极采取诸如吸引更多观众、开办博物馆商店和餐厅、出租场地等措施来增加博物馆的收入,缓解财政压力。其间,许多经营有方的博物馆甚至还会出现盈利。但与企业经营所不同的是,博物馆的营利是维持自身生存和发展的必要手段,而不是经营的最终目的。博物馆的收入也不同于工商业收入,不会转为股票,也不能转为工作人员的工资,而只能投入博物馆的建设。

总而言之,对于博物馆定义中的"非营利"可以理解为:"博物馆事业像其他文化事业一样,不能像企业那样把营利作为前提和终极目的。但并不排斥尽可能地结合本馆的性质和职能,在国家政策允许的范围内,有益于社会和观众,取得合理的经济效益,以促进自身事业的发展。只要经济效益对社会效益的提高起和谐、同步以至促进的作用时,它的存在就是合理的、积极的,它的生命力就是旺盛的。"①

(3) 关于"向大众开放"

定义中的"大众"主要强调的是博物馆服务对象的客观性和广泛性。其中,客观性就是指作为"大众"的社会公众不是以博物馆主观意愿而决定是否成为博物馆"大众"的,他们一直是客观存在的;广泛性是指博物馆的服务对象应该是构成社会的个人、团体和机构,不应因身体状况、文化差异、教育程度、社会地位等因素而受到不同的待遇。定义中的"开放",一方面,体现了博物馆的社会开放性和公益性,博物馆作为公共资源,其包括收藏和基础设施等在内的有形资源和科研、智力、文化氛围等无形资源都应当对社会公众开放,"大众"有权利使用这些公共社会资源;另一方面,这种"开放"应当是双向互动的,博物馆对"大众"开放的同时,"大众"也应当积极地向博物馆开放,并对博物馆积极地给予反馈。当然,这些反馈既可以是有形的,如资金和藏品的捐赠等;也可以是无形的,如为博物馆发展出谋划策、提供志愿和义务服务等。同时,还应当注意的是,博物馆既然将"为社会及其发展服务"作为其根本使命和工作目标,那么,所谓的"开放"就应当是平等互利的开放,而不能以"知识宝库""学术精英"自诩,居高临下地俯视自己的服务对象。

总之,博物馆定义中提出的"向大众开放",是博物馆的一个基本性质,不仅强调了

---

① 胡骏. 关于博物馆组织与人员管理的几个问题的探讨 [J]. 中国博物馆, 1994 (03): 28-30.

博物馆作为公共社会资源的开放性和公益性，而且说明了博物馆与社会公众之间平等的双向互动关系。只有"向大众开放"，吸引更多的观众，才能更好地实现博物馆"为社会及其发展服务"的目标。

（4）关于"为研究、教育、欣赏之目的"

定义中"为研究、教育、欣赏之目的"的表述与"为社会及其发展服务"的目标并不矛盾。与作为根本使命和工作目标的"为社会及其发展服务"相比，"为研究、教育、欣赏之目的"则可以说是博物馆较低层面的目的，也可以看作是博物馆具体业务活动的指导观念和基本目的。研究和教育也一直是我国博物馆的基本性质，所以，对于将它们作为博物馆的目的我们不难理解。在这里我们重点关注的是所谓"欣赏之目的"。

一般而言，"欣赏"具有两种不同的形式：一种是专门用于欣赏的陈列或展览，另一种则泛指所有陈列的审美价值和可欣赏性。作为博物馆业务活动的基本目的，两者兼而有之。博物馆完全可以通过陈列、展览和艺术鉴赏等活动，使观众的情操得以陶冶、修养得以提升、思维得到促进、创造力得以激发，从而达到"欣赏之目的"。

在理解博物馆"为研究、教育、欣赏之目的"的过程中，需要特别注意的是，这种表述很容易给人造成博物馆单方面要达到"为研究、教育、欣赏之目的"的错觉，从而忽略了观众的主观能动性，忽视了观众自主学习、自发参与的特点。

因此，我们应当将"为研究、教育、欣赏之目的"理解为：它虽然是博物馆业务活动的指导观念和基本目的，但却需要通过博物馆与观众的共同努力才能够得以实现。

（5）关于"征集、保护、研究、传播并展示"

一方面，博物馆在进行收藏保护、科学研究、陈列展览、争取更多的观众以及与观众交流互动的过程中，"征集、保护、研究、传播并展示"这些业务活动无不融入其中，发挥着不可替代的作用。

另一方面，只有通过征集、保护、研究、传播和展示等这些具体的工作，才能够达到"为研究、教育、欣赏之目的"，进而最终实现"为社会及其发展服务"的目标。因此，博物馆定义中的"征集、保护、研究、传播并展示"，既可以看作是对博物馆各个工作环节的抽象概括，也可以当作实现博物馆"为研究、教育、欣赏之目的"的具体方法或手段。

（6）关于"人类及人类环境的见证物"

"人类及人类环境的见证物"其实就是博物馆的工作对象。这里所谓的"人类及人类环境的见证物"，既包括有形的或物质的人类和自然界的见证物，如出现在各国博物馆定义中的文物、自然标本、人工制品、物质遗产、物品、物证等；也包括无形的或非物质的人类社会和环境的见证物，即非物质文化遗产、电子信息技术生成的虚拟信息等。需要注意的是，在理解"人类及人类环境的见证物"的过程中，还应当突破我们传统的"以古是宝""以稀为贵"的认识误区，努力做到不仅关注古老的、稀有的自然界和人类社会的见证物，同时也应关心现当代的、活的、日常的、大众的、具有代表性的见证物。最终，见证物能否成为博物馆的工作对象，关键还要取决于它是否具有证明人类活动及人类环境状况的能力。

总之，博物馆定义中"人类及人类环境的见证物"的表述，不仅对博物馆的工作对象进行了高度概括，而且还正确地反映了现代博物馆与人类生存和发展的关系。

综上可知，现在通行的国际博协对博物馆的定义不仅明确指出了博物馆的性质，即博物馆是"非营利"的常设社会公益机构，而且指出了博物馆的根本使命和工作目标是"为社会及其发展服务"，基本目的是"研究、教育、欣赏"，它们可以通过对博物馆工作对象即"人类及人类环境的见证物"的"征集、保护、研究、传播并展示"而得以实现。此外，还可以从其基本目的和工作环节中看出博物馆具有收藏、研究、教育的基本功用。

鉴于我国的基本国情以及博物馆的实际情况，我国对博物馆的理解与上述定义存在着一些差异。

第一，从性质而言，我国博物馆作为社会主义科学文化事业的重要组成部分，属于事业单位，虽然也具有非营利性和社会公益性，但在行政组织上依然具有一定的政府性，是政府的附属机构，在业务上也体现着政府的意志，在经济上仍带有一定的计划经济色彩。同时，其公益性也非志愿公益性，而是垄断公益性。

第二，我国博物馆的"基本任务是为科学研究服务，为广大人民服务"①，这种表述明显具有历史和时代的局限性，也比国际博协定义中"为人类及其发展服务"的根本使命和工作目标显得狭隘许多。虽然我国博物馆界正在不断修正博物馆与社会和公众的关系，努力增强博物馆服务大众、服务社会的能力，但由于长期形成的封闭严肃、居高临下的姿态，要真正做到"向大众开放""为人类及其发展服务"可能还需要一个过程。

第三，虽然我国也规定博物馆是"收藏机构、宣传教育机构和科学研究机构"，使其在理论上也具有收藏保护、宣传教育和科学研究的功能，但没有将"欣赏"给予充分重视，而且在我国博物馆的实际工作中，也往往更多关注其社会教育作用，而忽略审美和娱乐功能。

第四，我国的博物馆定义只是简单地将具体的"文物和标本"作为博物馆的工作对象，相对于国际博协规定的"人类及人类环境的见证物"而言，未能考虑无形的见证物，不仅缩小了博物馆工作对象的范围，而且也没有体现博物馆与人类的关系。虽然在我国博

---

① 文化部文物局. 中国博物馆学概论 [M]. 北京：文物出版社，1985：28.

物馆的实际工作中，已经开始关注除"文物和标本"之外的能够体现人类活动和自然环境状况的物质和非物质的见证物，但仍亟须从理论上也对其予以科学的界定。

尽管我国的博物馆定义与国际博协的定义存在着一些差异，但我们相信，随着博物馆学和博物馆事业在我国的快速、健康、持续发展，我国博物馆组织和学者一定能够借鉴国内外的先进经验，为我国博物馆学制定出一个符合国情、科学合理的定义。

（二）博物馆的构成要素及特征

博物馆的构成要素及特征，历来是博物馆基本理论的重要组成部分。伴随着博物馆的产生和发展，人们一直在总结和归纳博物馆的构成要素及特征，时至今日，对其认知也日趋科学和成熟。人们正确地认识和把握博物馆的构成要素与特征，不仅有助于加深对博物馆本质属性的理解，而且还可以有效避免博物馆工作的主观性、片面性和盲目性，从而更好地发挥博物馆作为公益性社会文化机构的作用。

1. 博物馆的构成要素

一般意义上的博物馆通常由以下四个要素构成：

（1）一定数量的藏品

藏品指博物馆收藏的有关历史、民俗、艺术、技术及自然科学等领域的各种资料，既包括物质资料也包括非物质资料。博物馆藏品是博物馆业务活动的基础，藏品质量的高低和数量的多少是博物馆定级的重要标准以及衡量其社会作用的一个主要条件，也是博物馆声誉之所在。博物馆藏品具有实物和信息复合性的特点，藏品在博物馆中的地位和作用由社会发展所产生的社会需求决定。

（2）馆舍及其他硬件设施、设备

作为社会文化机构的博物馆必须拥有馆舍及其他硬件设施、设备，以保障博物馆的正常运行。博物馆馆舍必须能满足和适应博物馆的运作，安全是博物馆馆舍最根本的要求之一，展览厅、会议室、餐厅、卫生间等空间的设计与装修布置也应该有服务博物馆运作的意识，在"形式必须服从功能"的基础上，建筑风格应与博物馆的位置与主题相协调。

（3）有基本陈列及持续向社会公众开放

陈列展览是博物馆主要的业务活动形式，也是参观者评价博物馆的重要依据，有基本陈列并持续向公众开放是博物馆实现其基本功能的重要途径。只有根据社会需求和观众特点，利用藏品、信息、视觉形象、空间环境等因素，设计陈列，并吸引观众去参观陈列，博物馆才能真正地实现为社会公众服务。有基本陈列及持续向社会公众开放是博物馆的重要构成因素之一。

(4) 掌握专业知识与技能的人才

博物馆的一切活动都是由具备博物馆专业知识的人才主持和管理的。人才是博物馆事业发展的关键，博物馆事业的发展最终决定于博物馆人才。博物馆的各种人才既包括博物馆的管理者也包括经营、管理、研究藏品、开展社会教育的专业人员。首先，现代博物馆的发展需要具有现代经营管理理念的人才，管理者的行政能力、对外交往能力、专业素质直接决定了博物馆事业发展的成败。其次，博物馆社会功能的实现需要掌握博物馆学理论知识、具有创新精神和较强实践能力的各种专业人才。

2. 博物馆的主要特征

所谓特征，是指一个事物区别于其他事物的特别显著的标志。博物馆是以文物或标本为基础，组成形象化的科学的陈列体系，对群众进行直观宣传教育的公共文化机构，其特征可表述为以下几点：

（1）博物馆的实物性、直观性

博物馆产生于收藏，藏品是博物馆开展业务活动的重要基础，举办陈列展览是博物馆的主要活动形式，也是博物馆对公众进行教育传播的重要阵地。可以说，陈列展览是博物馆工作的中心环节，博物馆以其展品举办的陈列展览带给观众直观效果。博物馆必须具备一定数量的藏品，并且要有基本陈列展览对外开放。即使是刚刚兴起的数字博物馆，它也是建立在实物的基础上，运用虚拟影像将藏品以直观的形象展示给观众。

（2）博物馆的广博性

随着社会的发展，博物馆呈现多元化的局面，博物馆的收藏内涵不断丰富，涉及文物、艺术、科技、自然等多个方面，从文物到日常用品，从物质文化到非物质文化，从标本到活物等资料都是博物馆收藏和研究的对象，博物馆类型不断增多，专门性博物馆大量涌现，并且出现了许多新形态的博物馆。可见，广博性是博物馆区别于其他文化机构的显著特征，而且随着社会的前进与博物馆的发展，这个特征日益显著。

（3）博物馆的开放性

博物馆的开放性不仅体现在对公众开放，更体现在对社会的广泛关注以及与观众的交流互动。陈列在设计之前要进行观众调研，明确目标观众群，确立陈列定位；在设计过程中，要接受观众代表的优化建议，考虑观众的特点，选择适宜的知识背景和语言表达方式；展陈阶段，欢迎观众进入陈列场所，允许观众基于自身的知识解读陈列内容，鼓励观众将参观成果转化为有利于个人发展的资源和动力，并收集整理观众反馈意见，对陈列效果作出科学评价。

（4）博物馆的公共性

公共性，即博物馆是一个公共服务机构，为公众而设立，其服务对象是社会公众，而

不是一部分特殊人群。公共性是博物馆的本质属性之一。这种公共性植根于其赖以产生的公共文化需求。博物馆的公共性主要包括公正性、公平性、公益性、公开性四个方面。

第一，公正性就是要求博物馆制度的构建必须合理、合法，即遵循博物馆发展的基本规律，符合相关的法律法规，这是博物馆公共性的前提。

第二，博物馆的公平性既包括使用博物馆的机会和接受相同服务质量等方面的公平，还包括在保证当代人满足或实现自己的需要的同时，还要保证后代人也能够有机会满足他们的利益需要，这是博物馆公共性的核心。

第三，博物馆公益性是指国家、社会和个人为博物馆所提供的设施、条件、产品和服务具有公共性的主要特征，受益者是社会公众。公众受益是博物馆公益性的集中体现。公益性是博物馆事业客观存在的一种社会属性，它不以办馆者的主观意志为转移，无论是由政府办馆还是由非政府组织或个人办馆，博物馆都具有公益性，这是博物馆公共性的目标。

第四，公开性一般是指透明度、民主性。公开性要求博物馆制度能够保障博物馆决策、资源分配、资金来源和使用等的开放性和透明度。博物馆所提供的服务必须具备公开性，公开、透明是博物馆履行公共服务职能的本质要求，这是博物馆公共性的保证。

（三）博物馆的功能与作用体现

1. 博物馆的主要功能

博物馆的功能，是指博物馆作为一种社会组织和文化机构所发挥的社会作用。

（1）收藏、保管功能

博物馆现象起源于收藏珍品，中国古代收藏书画、彝器、古玉、玺印的现象起源很早，在商周时期即已出现。古希腊、罗马等文明古国贵族对奇珍异宝的收藏是现代博物馆产生的基础。藏品是人类文明的重要见证，是博物馆工作的核心与基础，收藏、保管也是博物馆首要功能与最基本的功能。

随着社会的发展，目前博物馆收藏、保管的对象已不限于珍贵文物与艺术品，而是涉及人类与人类生存环境的各种见证物，既包括物质遗产，又包括非物质文化遗产。只有博物馆能最广泛、最全面地保藏着人类活动和自然发展的真实物证，并把它永久地传给后人，这是博物馆特有的功能。

博物馆获得收藏的途径主要有文物征集、获得馈赠和遗赠、从私人收藏家或拍卖会上购买藏品、田野考古发掘和调查等。

（2）科学研究功能

博物馆最初的研究主要是对藏品本身的基础研究以及应用性研究，只有对大量藏品进行深入的研究,其所具有的历史价值、艺术价值与科学价值才能被揭示。明确主题、挑选藏品、设计展览与撰写解说词等过程都需要进行科学研究,可以说研究工作贯穿博物馆工作的全过程。随着时代的前进与社会的发展,博物馆作为全民共享的文化机构,其研究对象已不再局限于藏品本身,而是扩展到博物馆实践以及博物馆公众研究等方面。

博物馆研究是为了社会利用、展览和教育普及服务,只有达到较高的研究水准,才能保证博物馆各项工作的水平与服务的质量。许多著名的博物馆不只藏品丰富,同时也是重要的学术研究重镇,如:美国史密森博物学院、大英博物馆、芝加哥艺术博物馆等。一些博物馆为了加强研究,还专门设有研究部门并主办学术刊物,如:中国国家博物馆设有学术研究中心,故宫博物院设有故宫研究院,河南博物院设有研究部等。

(3) 教育功能

教育作为博物馆的基本功能之一,是收藏与研究功能的延伸与扩展。博物馆对外开放后,观众走进博物馆,通过观看展览受到教育与启发。博物馆教育的对象为整个社会的全部成员,从儿童到老人,从一般群众到残疾人,从国内观众到外国旅游者,从个人到团体,博物馆都对他们开放。因此,博物馆不只是学校的第二课堂,也是家庭教育与社会教育的第 N 个课堂,人们可以自由地出入各个陈列室,通过参观展览、参与博物馆的各项活动,汲取科学文化知识。

博物馆的教育方式生动形象,通过大量运用文物标本、模型等实物资料,作用于观众的感官。这无论从人的生理机制或者认知过程来说,都会使观众感到亲切,易于接受和理解。此外,博物馆还通过讲解服务、公众讲座、出版物以及举办丰富多彩的文化活动等方式来加深观众对博物馆陈列的理解。

2007 年,国际博协对博物馆的定义将"教育"调整至功能首位。2015 年,我国《博物馆条例》正式颁布,借鉴了国际博协对博物馆的定义,亦将教育功能提升,虽然只是顺序的调整,但表明了博物馆学界对博物馆认知的提升与社会责任的强调。国家文物局近年在对博物馆的评审工作中,也已经将教育以及相关的比重提升,博物馆观众研究越来越得到重视,从以藏品为中心到以观众为中心,是博物馆发展的趋势和潮流。

(4) 娱乐功能

无论是对儿童还是成年人,教育与乐趣都是紧密联系在一起的。随着博物馆的发展,国内的博物馆学者也越来越认识到博物馆娱乐功能的重要性,苏东海在《博物馆演变史纲》中指出,"在文化生活高档化趋势下,一个值得重视的现象就是文化娱乐的需求。在工业社会紧张喧嚣的生活中闲暇时间是很宝贵的。高尚的文化娱乐活动是休息和积蓄精神再生产能力的积极方式。博物馆是提供高尚文化娱乐,培养生活情趣,满足美感要求的场

所，博物馆应该强化这方面的职能"①。

随着博物馆的免费开放，博物馆已成为公众休闲娱乐的必选，博物馆与文化创意、旅游等产业相结合，参观博物馆也已成为旅游的重要日程，许多博物馆成为旅游热点。这是博物馆面临的机遇与挑战，一方面博物馆的陈列设计要融入休闲娱乐的文化元素，使专业知识通俗化，向观众提供趣味性强的展览；另一方面要增加扩大这方面的项目设施，积极开办具有吸引力的各种欣赏娱乐活动。

而且，博物馆教育功能的实现，在很大程度上取决于观众自觉自愿的自发行为（自觉地走进博物馆）。据众多调查和研究结果表明，出于娱乐性动机和目的参观博物馆的观众在数量上远远多于以接受教育为动机和目的的观众，因此，现代博物馆既要重视教育，也应关注观众的娱乐性需求，吸引观众，使观众在接受教育的同时又能获得愉悦、新奇、惬意等娱乐性的享受。值得注意的是，博物馆娱乐功能的发挥必须以博物馆的藏品为基础，以教育为最终目的，博物馆并不是纯粹的娱乐机构。

2. 博物馆的作用体现

我国博物馆作为中国特色社会主义文化建设的重要组成部分，是凝心聚力和激励人们的重要力量，担负着提高全民素质，推动文化发展的历史使命。作为社会教育机构和公共文化机构，博物馆具有直观、形象、生动、科学的特点，是良好的教育阵地，具有积极的、不可代替的、独特的社会功能。博物馆的作用可以归纳为以下方面：

第一，博物馆是启迪民智的窗口。中国历史悠久、文化灿烂，博物馆里收藏保存的丰富多彩的文化遗产资源和自然资源，是开启民智、增长智慧的最好素材。对公众而言，到博物馆参观考察不断推新的展览和琳琅满目的展品，是开启智慧之窗的最为直接便利的方式之一。

第二，博物馆是传播知识的课堂。知识的获得主要是通过教育来进行的，而教育可分为学校教育和社会教育。博物馆的教育功能是社会教育的重要组成部分，博物馆是普及传播科学文化知识的重要场所。

第三，博物馆是美育教育的殿堂。美育教育就是以培养审美能力、美的情操和对艺术的兴趣为主要任务的教育。自古以来，美就是社会实践的产物，通过审美实践可以陶冶情操、美化心灵、丰富人们的精神生活、启发人们的自觉意识。博物馆是反映人类社会审美的主要阵地之一。博物馆丰富多彩的文物和形象化的陈列展览，把人类社会文明的形成和发展生动形象地表现出来，使博物馆成为美育教育的殿堂。

第四，博物馆是思想教育的阵地。思想教育一般包括爱国主义教育、集体主义教育、社会主义教育，以及辩证唯物主义和历史唯物主义教育等。博物馆是反映中国文明的重要

---

① 苏东海. 博物馆演变史纲 [J]. 中国博物馆，1988（01）：10-23+96.

场所，在开展思想教育方面，博物馆所收藏和展示的文物是进行爱国主义教育、集体主义教育和社会主义教育的形象资料，具有直观、形象、生动的特点，给人以感性认识，更加具有感染力和说服力。

第五，科学研究的城堡。科学研究是博物馆的重要职能和主要任务之一。一方面，博物馆的实物资料是科学研究的第一手资料，为各类科学研究提供服务，是博物馆服务社会的重要组成部分；另一方面，博物馆工作本身也是具有科学研究性质的工作，博物馆工作者需要研究藏品及其保存保护的技术手段、研究博物馆观众、研究各个相关专业学科、研究博物馆学及其分支学科等。

第六，博物馆是文化交流的桥梁。一般而言，文物是有国界的，文化却是全人类的、无国界的。文物遗存作为历史文化载体，具有丰富多彩的内涵，是人类文明的重要组成部分，既为本民族所拥有，又为全世界所共享。文物所具有的精神内涵，可以被全世界各民族共同理解，成为相互了解、互相沟通的重要载体。因而，文物又有"文化大使"之美誉。我国博物馆通过文物这一桥梁，向世界展示灿烂悠久的古代中国文化，使世界各国了解古代中国，走近现代中国，从而加深对中国的理解，增进国际文化交流。

（四）博物馆的类型

博物馆的类型一般而言主要是由博物馆的藏品所决定的，博物馆类型的变化，体现了博物馆事业的发展。

1. 博物馆类型划分的意义表现

博物馆的类型，就是根据博物馆各自的性质、特点的异同而划分出来的、具有共同特征的博物馆所形成的类别。从博物馆整体的性质、特点和基本任务而言，它与其他社会文化教育机构是有区别的。但是，即便是具有共同的基本性质和特征的博物馆，也并不都是完全相同、一模一样的，这就产生了博物馆划分类型的问题。

科学地划分博物馆的类型，对博物馆事业的发展和博物馆具体工作的开展均有着积极的现实意义和深远的历史意义。

第一，有利于深刻认识和掌握博物馆自身的特点和工作规律。

第二，有利于明确各类博物馆的专业方向。

第三，有利于博物馆事业合理布局和科学发展。

第四，有利于对口开展博物馆学术交流活动。

2. 博物馆类型划分的两个依据

博物馆类型的划分，是博物馆学研究的新课题。依据不同，划分出来的类型也会有所不同。

20世纪80年代出版的《中国博物馆学概论》提出了划分类型的两个依据：

第一，以藏品性质和博物馆所反映的内容来划分，可以将博物馆划分为社会历史类、自然科学类和综合类三个大类。社会历史类博物馆，依其所反映的内容的不同，还可以进一步划分出不同的类别，如历史类、革命史类、民族类、民俗类博物馆和以历史人物和历史事件为专题的纪念馆，以及属于社会科学范畴的文化艺术博物馆等。自然科学类博物馆，依其具体内容的不同，又可划分为自然性质博物馆和科学技术性质博物馆。其中，自然性质博物馆还可分为一般性的、专门性的和园囿性的三种；科学技术性质博物馆还可以分为科学技术博物馆和科学技术史博物馆两种。综合类博物馆，是指包括社会历史类和自然科学类两大类内容，同时兼具社会科学和自然科学双重属性的博物馆。它的主要内容包括自然部分、历史部分（包括革命史）等，少数民族地区的博物馆还包含民族内容。

第二，以兴办博物馆的目的并结合藏品的性质来划分，可以把博物馆划分为专门性博物馆、纪念性博物馆和综合性博物馆等类型。其中，专门性博物馆大致可以分为历史、革命史、民族民俗、文化艺术、自然科学和科学技术等类型。纪念性博物馆可以划分为历史纪念馆（纪念古代历史事件或历史人物）和革命纪念馆（纪念近代、现代历史事件或杰出人物）等类别。综合性博物馆是指全面反映自然历史和社会历史发展规律的博物馆。它既包括社会科学方面的内容，又包括自然科学方面的内容。部分省级、市级和县级博物馆，如黑龙江省博物馆、南通博物苑等，就是这类综合性博物馆。

20世纪90年代出版的《中国大百科全书·文物博物馆》卷提出博物馆类型的划分依据，主要是博物馆藏品、展出、教育活动的性质和特点，其次是经费来源和服务对象。并认为，中国的博物馆类型，可划分为历史类、艺术类、科学与技术类、综合类四种类型。

2001年出版的《中国博物馆学基础（修订本）》，谈到博物馆的划分有了新的发展，表现为：①划分为综合性、纪念性和专门性（也称专题性）三类。②从隶属关系按照主管部门和领导管理系统来划分。一般划分为文化（文物）系统博物馆，即国家和各省、市、县博物馆；国家科技系统博物馆，即中国科学院和各地方科技厅（局）主管的自然博物馆和其他专门博物馆；园林管理系统的博物馆，如沈阳北陵博物馆等；民政系统管理的博物馆，如杨靖宇烈士陵园博物馆、淮海战役纪念馆等；高校系统博物馆，即大学、专科院校的博物馆，如北京大学赛格勒考古艺术博物馆、中山大学生物博物馆等；军事系统的博物馆和纪念馆，如中国人民革命军事博物馆；其他政府部门主管或筹建的博物馆，如邮票博物馆、煤炭博物馆、石油博物馆、桥梁博物馆、铁道博物馆、交通博物馆、茶叶博物馆等。③按照博物馆的性质和陈列教育活动内容划分。

新时期，我国博物馆事业快速发展，博物馆数量不断增加，同时也带来了博物馆类型的丰富以及博物馆类型划分依据的新变化：①依据兴办主体来划分，可以将博物馆划分为国有博物馆、私立博物馆、民营博物馆、企业博物馆、行业博物馆等。②依据形态来划分，可以将博物馆划分为传统博物馆、生态博物馆和社区博物馆等。③依据观众来划分，如中国儿童中心老牛儿童探索馆。④依据展示方式来划分，可分为室内博物馆、露天博物馆、遗址博物馆等。

3. 我国博物馆的类型划分

传统的博物馆类型，一般划分为社会历史类、自然科学类和综合类。随着博物馆事业的不断发展，博物馆的类型越来越丰富，传统的类型划分已经不能充分反映博物馆的实际情况，也无法满足博物馆事业发展和高度发达的信息时代的需要，应该重新划分。

根据我国博物馆事业发展的实际情况，并结合在长期类型划分实践过程中已经形成的习惯和约定俗成的认识，博物馆类型大致可划分为以下各类：

历史类：以收藏、研究历史文物藏品，并以展示和反映古代历史的发展过程、发展规律等为主要内容的博物馆，如陕西历史博物馆、河南博物院等。

革命史类：以收藏、研究近现代历史文物藏品，并以展示和反映近现代历史发展进程等为主要内容的博物馆，如中国人民革命军事博物馆、井冈山革命博物馆等。

纪念类：以收藏、研究、展示和反映历史事件、历史人物等方面的文物藏品为主要内容的博物馆，包括纪念馆和名人故居，如中国人民抗日战争纪念馆、九一八纪念馆等。

遗址类：在考古发掘遗址原址上和古建筑旧址上建立的博物馆，前者以收藏、保护、研究和展示该遗址发掘出土的文物和各种遗迹等为主要内容，后者以收藏、保护、研究、展示古建筑旧址及其内部原有物品为主要内容，以原状复原陈列和模拟复原陈列等为主要手段加以展示的博物馆。其包括考古遗址博物馆、古建筑旧址博物馆，如西安半坡遗址博物馆、沈阳新乐遗址博物馆、北京恭王府博物馆等。

文化、文体艺术类：以收藏、研究文化、文体艺术类藏品，并以展示和反映文化、文体艺术发展与演变过程和规律等为主要内容的博物馆，如徐悲鸿纪念馆、舞蹈艺术馆、中国体育博物馆、南京奥林匹克体育博物馆等。

民族类：以收藏、研究民族文物藏品，并以展示和反映各少数民族的历史发展过程及其规律等为主要内容的博物馆，如北京民族文化宫、广西壮族自治区民族博物馆等。

民俗类：以收藏、研究民俗文化类藏品，并以展示和反映各民族民俗文化、特色民俗等为主要内容的博物馆，如年画博物馆、农民画博物馆等。

自然类：以收藏、研究自然地质类藏品，并以展示和反映各地区自然史和天文、地质、生物资源，以及人类的发展过程及发展规律等为主要内容的博物馆，如国家自然博物馆、中国地质博物馆等。

科技类：以收藏、研究科学技术类藏品，并以展示和反映科学技术的发展过程和发展

规律等为主要内容的博物馆，包括科学技术和科学技术史博物馆，如中国科技馆、北京航空航天大学博物馆、自贡市盐业历史博物馆等。

专门类：以收藏、研究某一专题类藏品，并以展示和反映某一专题类藏品的发展过程和变化规律等为主要内容的博物馆，包括各种专题博物馆（如西安碑林博物馆）、行业博物馆（如长春电影博物馆）、高校博物馆（如四川大学博物馆）、非物质文化遗产博物馆（如各地的酒文化博物馆、昆曲艺术博物馆、吉林图们延边朝鲜族非物质文化遗产博物馆）等。

地志综合类：以收藏、研究地方社会历史和自然类藏品，并以展示和反映地方自然和社会历史文化艺术综合发展与不断进步等为主要内容的博物馆，包括省级地志博物馆和地市级地志博物馆，如黑龙江省博物馆、山东省博物馆、新疆维吾尔自治区博物馆、西藏自治区博物馆等。

随着博物馆事业的不断发展，博物馆的类型也会不断增加。博物馆类型的扩展，主要体现在博物馆类型的增加与丰富和博物馆类型划分依据的增多上。传统的博物馆类型只有根据博物馆藏品性质划分的自然、历史、综合等类型。现在，博物馆类型划分的依据已越来越多，所划分的类型也越来越丰富。博物馆类型的扩展，反映出博物馆事业的发展。

总而言之，随着博物馆事业的不断发展，博物馆的定义也在不断完善之中。博物馆已经成为社会服务机构和公共文化服务机构，把为社会发展服务作为自己的宗旨。博物馆所具有的直观性、公共性、科学性、非营利性等特征，使得博物馆的功能不断加强。博物馆数量的增加，带来了博物馆类型的丰富，划分类型可参考的依据也越来越多，这些都充分表明博物馆是具有生命力的可持续发展的社会机构。

二、博物馆教育的理论基础

（一）博物馆的服务理念

随着博物馆事业的发展，博物馆的定位已经不再是传统的征集、收藏、保护、研究等功能，更多的是强调博物馆为社会及其发展服务，发挥博物馆文化传播和社会教育的功能。近些年，产生了"让文物活起来""把博物馆带回家"等新观念，博物馆如何向社会提供优质的公共文化服务成为博物馆事业发展的新命题。博物馆只有正确把握住博物馆公共文化服务的内涵，才能充分发挥出博物馆公共文化服务的功用。

1. 以保障公众文化权利为核心

博物馆作为公共文化服务的载体与阵地，保障公众文化权利是其投身公共文化服务的重要体现，也是博物馆业务开展的最终目的。文化权利是作为人应该享有的基本权利，

《世界人权宣言》中明确规定:"人人有权自由参加社会文化活动,享受艺术,并分享科学进步及其产生的福利。"概括而言,就是人人都有享受文化成果和参与文化活动的权利。公民所具有的这种权利是政府提供公共文化服务的依据,而博物馆作为公共管理事业单位,为公众提供公共文化服务并保障其文化权利是博物馆应尽的责任和义务。

2. 坚持以"人"为本

在博物馆长期的发展中,文物藏品一直被看作博物馆的核心要素,对文物藏品的收集、保管一直是博物馆的主要功能。1974年,国际博协开始在博物馆定义中增加了"为社会和社会发展服务"的功能标志着博物馆开始由较封闭的重"物"向开放的重"人"转变。20世纪80年代,日本博物馆学家鹤田总一郎提出的"博物馆是人与物相结合"的博物馆理念,进一步提升了博物馆坚持以"人"为本的社会服务理念。新的时期,博物馆发挥的首要功能是教育功能,是要成为民众的终身大学,而只有坚持以"人"为本,满足不同社会群体的不同文化需求,才能更好地发挥博物馆的社会教育功能,实现"为社会和社会发展服务"的目标。

3. 坚持公益性、均等性和公共性原则

《中华人民共和国公共文化服务保障法》中规定:"按照公益性、基本性、均等性和便利性的要求,加强公共文化服务设施建设,完善公共文化服务体系,提高公共文化服务效能。"此外,《国际博物馆协会章程》和我国的《博物馆条例》中也都明确规定了博物馆的"非营利性"。博物馆产品与服务不同于一般商业产品与服务,博物馆是以满足公众的文化需求,提高公众的文化素养,向社会无偿提供公共文化产品与服务的公益性文化机构。

均等性则是指每个公民都有平等的机会和自由享受到博物馆提供的公共文化服务,它不仅是我国政策法律的规定和要求,也是博物馆社会服务理念的体现。

博物馆公共文化服务的公共性更是不言而喻。首先,博物馆珍藏的文化遗产是人类共同的文化遗产;其次,博物馆的开放性和可参与性也都充分体现了博物馆的公共性。博物馆的公共性是现代博物馆诞生的基础,它使得每个公民都有权利和机会共享人类的文化财产。

博物馆公共文化服务的公益性、均等性和公共性是其最本质的特征,也是博物馆在文化服务过程中应坚持的首要原则。

(二)博物馆的教育使命

博物馆是现代国民教育体系的重要组成部分,其教育使命是引导全体民众潜在的学习欲望,扩展其眼界、增长其知识,协助和促进民众的成长。

事实上，欧美博物馆的宗旨或使命中，基本都包含了"教育"这一主要内容，以"教育"为其主要使命。美国是目前博物馆教育最为发达的国家之一，几乎每家博物馆的建馆宗旨都包含了"教育"。博物馆通过明确教育使命，确定了机构及其教育部门应承担的责任和义务，确立博物馆在社会中的地位和生存价值，为其长远发展注入了恒久活力。①

1753年建立的大英博物馆在"保存和诠释人类历史"的宗旨下，其教育使命为：对人类文明中的所有艺术和知识进行系统整理和研究，并让人人有机会接触人类的历史文物，从中获得知识和快乐。

1846年成立的美国史密森博物学院的使命是"增长知识，传播知识"。美国史密森博物学院旗下国家自然历史博物馆（National Museum of Natural History）强调其建立的目的是教育大众及增长知识，并以"了解自然界及我们的生存环境，探讨自然界的变迁，并呈现人与环境的互动关系"为其教育使命。而史密森旗下的国立邮政博物馆（National Postal Museum）的教育使命则是"运用学习理论和技术激发不同类型观众对于邮政历史、集邮和相关话题的思考"。

建于1870年的美国最大的艺术博物馆——大都会艺术博物馆的宗旨是：收藏、保存、研究、展览代表全人类最广泛、最高成就的艺术品，促进艺术品的鉴赏和相关知识的传播；所有的工作都参照最高的职业标准，以服务公众为目的。事实上，自建立之初，"教育"就是该馆的建馆宗旨之一。其教育使命是：培养民众对艺术的理解力和欣赏力。

位于巴黎的建于1937年的法国发现宫（Palaisdela Decouverte），作为世界上最知名的科技馆之一，其教育使命是：唤起社会大众对科技发展的关心，发扬科学精神，培养严谨精密、真实、批评和自由思考的科学态度，引导青少年发展科学能力和兴趣，协助民众以健全的态度去适应现代科技新世界。

值得一提的是，有些博物馆还将其理想/愿景（Vision）、使命（Mission）、价值观（Values）等明确张贴于进馆处，一方面让馆内外人员都清楚机构的立身之本；另一方面这也作为公众对博物馆的监督，时刻考量机构的展示、教育、公共服务等是否恪守了其理想/愿景、使命和价值观。例如，香港太空馆（Hongkong Space Museum）就是这么实践的。其理想是：竭诚提供世界级博物馆设施和服务，并发展本馆成为地区天文及太空科学教育中心。其使命是：为市民提供优质博物馆服务和终身学习的环境；发挥专业精神务（必）使博物馆服务更臻完善；提供教育与娱乐并重的多种语言节目和展览以提升市民对天文学和太空科学的兴趣并促进文化交流；提供各种活动使博物馆发展成教育中心；有策略地收藏中国香港地区和邻近地区有关天文和太空科学文物；建立一支积极进取、尽忠职

---

① 叶南山. 博物馆教育使命的实现［J］. 教育科学研究，2015（12）：1.

守、敬业乐业的工作队伍。

但总的说来，在20世纪的大部分时间里，全球博物馆普遍还是强调对藏品的收集，教育功能仍然处于次要地位。只是近几十年来博物馆的教育角色才逐渐被重视。如今，教育服务功能已成为大部分机构的核心工作并贯穿于各项活动中，有组织的学生群体是观众构成的主力军，同时各馆在终身学习方面也加强了对成人学习的支持力度。

教育是博物馆的主要目的和功能，博物馆作为一种社会教育机构是整个西方社会所普遍认可的事实。这主要表现在以下几点：

1. 博物馆将"教育"置于其公共服务角色的中心

作为现代社会标志之一的博物馆，头上戴有各种美丽光环，但它首先是作为教育和文化机构而存在。1984年，美国博物馆协会发布《新世纪的博物馆》（Museums for a New Century）报告，将"教育"认定为博物馆运营的首要目标。教育功能赋予馆藏意义。同时，该协会也评估了博物馆走向未来的准备，认为博物馆在发挥教育潜力上有待提升，需要在组织和工作重点方面做出改变。1990年，时任该协会首席执行官的小爱德华·埃博（Edward H. Able. Jr.）认为："博物馆第一重要的是教育，事实上，教育已经成为博物馆服务的基石。"1992年，美国博物馆协会继续致力于强化博物馆的教育角色，推出了《杰出与公正：博物馆教育与公众认识》（Excellence and Equity：Education and Publie Dimension of Museums）报告，鼓励博物馆将"教育"放在公共服务的中心。并且指出，博物馆是"公共服务与教育机构，而'教育'这个字眼包括了探索研究、观察、理性思考、沉思与对话之意涵"。值得一提的是，《杰出与公正：博物馆教育与公众认识》致力于将"教育"与"学习"置于博物馆运营的核心位置。但在当时，这是一个激进的提议，它标志着美国博物馆从更为传统、强调学术与艺术欣赏的模式转向了新模式：虽然仍旧致力于卓越的学术研究与艺术性，但更加重视吸引社区公众，为更广泛的观众提供服务。这便是对"公平"部分的强调。

2. 博物馆应成为普通人的教育场所

博物馆应成为普通人的教育场所。早在1880年，美国学者詹金斯（Jenkins）在其《博物馆之功能》一书中即如此明确指出。1906年，美国博物馆协会成立时宣称"博物馆应成为民众的大学"。以全世界最大也最具影响力的博物馆群——史密森博物学院为例，它将自身定位为全民的博物馆，也即不仅仅为受过良好教育的观众服务，只让他们感觉舒服，这是不够的。作为国家的博物馆，它努力通过呈现多元文化产品和服务来吸引多样化的观众。另外，克利夫兰艺术博物馆（The Cleveland Museum of Art）的第一任馆长威廉·马舒森·米尼肯（William Mathewson Milliken）是美国著名的教育改革家，他奠定了该馆重视公共教育的传统。克利夫兰艺术博物馆是全美第一家允许参观者在展览里临摹艺术品

的博物馆。至今，该馆教育活动的内容和形式在美国博物馆界仍然十分突出。

3. 博物馆是非正规学习的绝佳场所

博物馆"第二课堂"的角色和地位已为国际社会所认可。博物馆教育与学校教育的不同之处在于，学校教育是正规/正式教育，表现为强制性；博物馆教育是非正规/非正式教育，表现为非强制性。学校教育以课堂教学为主，形式比较单一，博物馆教育形式则灵活多样。学校教育的对象分类明确，博物馆教育的对象则极为广泛。美国国家科学基金会（The National Science Foundation，NSF）将非正规学习定义为自愿且主动引导的终身学习，主要因本身兴趣、好奇心、探索操作、幻想、任务达成与社群互动等受到激发。非正规学习通常会牵涉社群互动，尤其是与家庭成员和同伴团体的互动，其中更包含了玩耍这个因子。在博物馆中，非正规学习的发生主要通过计划性教育活动和展示导览等方式。

时下博物馆与学校的功能完全可以互补，博物馆能提供真实的对象，如想法、程序、自然环境与历史的实体范例，而教室里的经验常常局限于课本、讲授内容、媒体与一些简单的实验，当两个机构一起合作，便能为青少年提供绝佳的教育机会，也能推动双方建立稳固而有意义的关系。其实，在目前的教育领域，正规学习与非正规学习的差别和界限正面临越来越多的疑问。例如，学校也在使用非正规的实践活动，非正规学习环境亦同样可以成为教学场地。从这种视角看，真正的问题更在于如何使正规和非正规教育互补，惠及青少年。

4. 博物馆成为终身教育的大学堂

博物馆教育是一种社会教育，属于终身教育的一部分。从幼童到退休老人，大家都可在馆内得到持续学习。而博物馆作为"再教育"或"继续教育"的重要基地，也已为西方公众所广泛接受。事实上，单一的、阶段性的学校教育如今已不能完全满足社会就业的需要，而"活到老，学到老"已成为当下潮流，同时社会也呈现出学习型发展趋势。终身教育的兴起，必然要求有相应的机构来满足这种需求，作为公共文化设施并拥有大量教育资源的博物馆成了全面提高公众科学素质的重要场所。

值得一提的是，国际博协在其1990年的章程《职业道德准则》（*ICOM Statutes：Code of Professional Ethics*）中对"博物馆教育"做了这样的描述：博物馆应该抓住一切机会发展其作为教育资源为各阶层人群服务的职能，博物馆的一个重要职能就是吸引更多来自各个阶层和不同社区、地区以及团体的目标观众，并应该为一般社区、特殊人群及团体提供机会，支持其特殊的目标和政策。

（三）博物馆的教育特色

虽然博物馆本身就是教育机构，但相对于正规的学校，它是非正规的，博物馆作为国民教育的特殊阵地,具有一系列特色。这里主要援引学者黄淑芳在其《现代博物馆教育:理念与实务》一书中的阐释。

从20世纪80年代电脑科技的发展以及教育系统的改变,如"知识起于好奇心""从做中学""寓教于乐"等新式教育理念的引进,博物馆在展示及教育方面有了巨大变革。黄淑芳以为,现今的博物馆教育拥有以下八大特色与发展趋势:

1. 全民的、终身的教育

过去博物馆只对贵族或特定人员开放,现今则是全民共有、共享。并且,现代博物馆秉持"全民教育"及"终身教育"理念,针对不同类别的观众规划不同类型的教育活动,如亲子教育、家庭教育、成人教育、辅助学校教育等。即使有特定对象的博物馆,如儿童博物馆,亦欢迎不同年龄的观众。一般博物馆为扩大教育功能,主动提供一些到校服务及社区活动,如巡回展览、巡回演示、教具教材外借服务或设置教育资源中心等,甚至有些馆还提供青少年课后辅导、老年人联谊活动,以达到服务全民终身学习的目的。

2. 启发的、诱导的、寓教于乐的教育

相较于传统博物馆的橱窗式展示及庄严肃穆的气氛,现代博物馆的展示与教育活动更为活泼且多元化,取代了以往只能"看"的被动学习方式,在开放式展示中增加了许多模型、视听教具、游戏及各种具有参与性和互动性的设计。如电脑游戏、益智问答、掀板式说明牌(正面是问题,反面是解答,鼓励观众先思考再获取答案)、动手做、示范表演、视听欣赏、人员解说、座谈、角色扮演、寻宝比赛等,循序渐进地引导观众"耳听、眼看、手动、心跳",以期经由感观的接触,赋予观众愉悦的学习经验及更宽广的想象空间。[①]

3. 自导式、探索式的教育

博物馆的教育形态是自由的、主动的。民众可按照自己的意愿及喜好,选择时间及项目去参与,也可依自我的能力和方式去探索,是一种自导式的学习,有别于学校教授式的学习。而现今博物馆为了让民众更自主地学习,除了提供导览机、查询系统及展示活动单外,许多都设有"探索室",放置了各式各样的文物、标本、模型、图书资料、影片及仪器设备等,鼓励观众自己动手寻找答案,并由亲身体验获得成就感和自信心。如国立美国历史博物馆设有"历史探索室",内置许多老祖母时代的日常用品,如高轮脚踏车、缝纫机、编织品、绳索、不同民族的衣物、手工艺品、玩具及图书等,民众可以动手操作或体验过去的生活情景,或按键听一段口述历史。加州科学院设有"儿童探索室",内置许多动植物标本、岩石、矿物、化石、幻灯片、录影带及图书等,鼓励观众自由探索奥妙多奇的自然界。

---

① 郑奕. 博物馆教育活动研究 [M]. 上海:复旦大学出版社,2015:36.

4. 临场的、实物体验的教育

博物馆透过三维空间的实物造景、情境塑造、遗址复原，使遥远时空的人类历史或自然风貌得以再现，让观众如身临其境般受到震撼与感动，如大英博物馆的古希腊和古埃及文化展示，是将整堵城墙迁入馆内再组装复原，使参观者亲眼看见远古人类的文明与风貌。另外，一些民俗村或户外博物馆，如美国老史德桥村以走入历史的方式，让观众融入美国19世纪初的农村生活。观众可以轻松徘徊于田野中，或实地观察百年前农夫如何畜牧农耕、捻羊毛、制锅盘、烹饪食物，或与历史人物对话，或到小剧场看场电影，体验活生生的历史。而中国台湾地区民俗村则复原重现了中国台湾地区百年前的建筑及景观，并实地演示过去的生活习俗。

又如波士顿科学博物馆的"闪电剧场""太空剧场"及"热带雨林区"，透过实物标本、临场演示活动及科技媒体的运用，让观众亲身体验雷电的产生原理与威力，或跨越时空，在俯仰间遨游星际宇宙，或在雨林中听虫鸣鸟叫声；位于法国巴黎维雷特公园的科学工业城，拥有360°大银幕的"太空剧场"，可引领观众遨游天际，同时民众还可体验潜艇声呐的原理与制作；位于日本东京的下町风俗资料馆则以实物实景重现明治时代的日常民众生活；在东京的国立科学博物馆内，观众可体验操纵热气球之乐趣。近年来，"虚拟现实"技术的应用，更是除让观众在虚拟环境中有置身真实世界的感受之外，同时还可进行互动式活动，如打排球、投篮或驾驶飞机等。

5. 生活化的教育

现代博物馆的展示与教育，不只探讨过去发生的事件，亦关切参与者的认知与经验形成方式，故所设计的活动多以生活化为取向，结合观众有经验或熟悉感兴趣的事物，以加深他们的印象并提高其学习效果。如美国老史德桥村博物馆在探讨19世纪30年代生活时，除了透过资料查索及参观活动将今昔生活作对照和比较外，亦让参与者透过角色扮演、烹调、品尝、玩游戏、动手做等活动，亲身体会今昔生活之不同。在美国华盛顿特区的首都儿童博物馆，许多展示与活动都致力于引导孩子们学习如何生活，如日常电器的使用、冰激凌制作、商店购物、卡通制作、电视广告幕后探索、认识自己的身体、如何面对偏见与暴力、认识各行各业的人物及了解不同民族的习俗庆典（日本的儿童节、泰国的浴佛节）等，强化他们的生活体验，并培养其自信心及世界观。东京涩谷电力博物馆除了介绍电的种类、来源及应用之外，也借由活动让观众深刻感受"电"之于我们日常生活的影响与贡献，并树立正确使用电的观念。美国新英格兰缅因州海洋博物馆展示了家庭及工业废水对环境的影响。波士顿儿童博物馆的"电视与我"展示，探讨了电视对家庭的影响，还附有电视广告的幕后探索活动。国立美国历史博物馆则供观众学习绳索的制作。在瑞士交通博物，观众可学习电视媒体作业系统操作，并体验当主播的滋味。

6. 信息化、电脑化的教育

信息化、电脑化，是现代博物馆教育的新形势。电脑科技媒体的发展，对博物馆展览与教育的推广、信息的交流、人力负荷的减轻、服务品质的提升，有莫大助益。现今欧美博物馆普遍使用数字化的录音导览机、光碟自动导览系统、多媒体电视墙、展示电化设备等多媒体辅助设备、系统，使展示手法突破了传统的文字图片说明。此外，博物馆藏品管理、图书资料查询系统、票务管理系统、预约服务系统、观众统计分析系统，以及馆际的交流联系等，几乎全面实现了信息化及电脑化。另外，时下智能手机及社交媒体平台的风靡，都促使民众与博物馆之间的交流与互动更为直接和频繁，更使得机构展示教育的传播跨越了地区及国界限制。

7. 扮演知识宝库及学习中心的教育

博物馆对所有公众都开放，但有进一步兴趣的民众，还可利用馆内资源进行深入查询、学习、参考、实验、观察或利用。如拥有11800多万件文物标本的史密森国立自然历史博物馆，同时也是世界性的自然史学术研究中心及教育中心，它设置的"自然学者中心"对有兴趣的业余人士、教师、学生或学术研究人员等都开放。另外，大英自然史博物馆的"教师资源中心"、波士顿儿童博物馆的"家长资源中心"等，亦有异曲同工之效。又如，巴黎维雷特科学工业城的多媒体图书馆，收藏有80多万册科技文献资料，是法国重要的科技信息中心。同时，加州科学院的"生物多样性资源中心"，除了宣导自然保育观念，亦供民众进一步查询之用。此外，不少博物馆还研究开发了新教案教材，并提供人员训练，如史密森博物学院就设有教师培训、学生实习、博物馆专业人员训练等项目，大都会艺术博物馆亦提供有文物维护的培训，使得博物馆不仅是累积知识的宝库，也是教育中心和学习中心。

8. 反映社会需要、促使社会发展的教育

现代博物馆的展示教育不仅贯通古今、追根溯源，亦可折射时下社会的真貌，协助解决社会问题，甚至为未来提供一个全新的思索与博物馆教育项目的策划与实施探索空间。社会的脉动及民众所关心的议题，如科技新知、健康问题、生物保育、环境保护、技艺传承、古迹维护、美文欣赏、民族情结等，常是当前博物馆教育的主题方向。

以位于洛杉矶的宽容博物馆为例，它的目的是激发民众的正义感及责任心，化解种族歧视与偏见，进而宣传对不同民族尊重、包容与关怀的理念，以共创和谐社会。又如，法国克鲁梭人类与工业生态博物馆，以克鲁梭附近500平方千米的工业区及乡村为范围，尝试以"生态博物馆"的新观念来带动地方发展。该馆除了保存当地产业、人文与自然景观外，更强调透过当地居民的参与，以凝聚共同意识、创造新型就业机会及提升民心、士气为首要任务。

值得一提的是，20 世纪 70 年代，由于自然环境的不断恶化，人们开始关注生态与人类的关系。博物馆意识到作为社会教育机构也应该在环保方面体现自身的教育价值，于是西方博物馆在教育内容上开始加强对环境保护的宣传，并产生了"生态博物馆"这一新兴形式。我国博物馆教育关注环保和生态也是近几年的发展潮流，陆续建立了一些生态博物馆，具有良好的环保教育效应。事实上，现代博物馆完全可以提供一个空间，让人们想象一个不一样的未来。民众在这里学习新知识、休闲娱乐、提升精神，而博物馆重视环境的价值，是过去与未来的守护者。通过这种方式，能够帮助民众真正理解本地区与全球之间的联系。

第二节 博物馆文化教育的使命与特征

一、博物馆文化教育概述

博物馆文化教育属于社会知识性教育，同学校教育相比，其教育知识传播范围更加广泛，教育内容更具趣味性，教育方式也更为丰富，所以博物馆成为大众了解历史、感知现在、探索未来的重要文化殿堂。

当前博物馆文化教育是依托博物馆的展品以及陈列，使用多种手段和方法，直接形象地对公众进行科学历史文化教育，以提升其审美水平、文化素养和思想道德品质。这一点也正好明确了当前博物馆文化教育的基本发展方向和奋斗目标，体现出了博物馆文化教育和其他形式教育之间的本质差别。

第一，和学校教育间存在的异同。从表面上看，两者都是为了提升公众的思想文化修养，也都是为了传播科学文化知识，但博物馆只是通过展览这一种特殊方式向参观者传播教育信息，同学校教育相比，博物馆本身就是一个大平台，受众范围更加广泛，教育形式也更为多样。

第二，和家庭教育间存在的异同。家庭教育主要是通过家庭环境、长辈行为语言和心理氛围等影响孩子，同时孩子的表现再反作用于家长的一个双向互动过程。将家庭教育和博物馆文化教育结合起来，不但可以给家庭带来休闲娱乐的平台和方式，还能够让家长和孩子一起学习，共同深化文化底蕴，增加互动交流，形成良好的家庭氛围，实现家庭教育和博物馆文化教育双赢。

二、博物馆文化教育的使命

博物馆有着文化教育的使命，它能够让人们在历史长河中，学习无尽的传统知识。作为传播正确意识形态的主阵地、主要战场,博物馆的文化教育使命可以体现在传扬爱国主义精神、开展爱国主义教育等方面。博物馆自身的特殊性意味着它可以与当地实际相结合,因地制宜地讲述中国故事;可以从我国、我党的红色历史、光荣传统等角度出发,进行文物展出;可以通过构造爱国主义教育示范基地,进一步激发参观群众的民族自豪感和爱国主义精神。其文化教育功能的使命感还体现在其合作能力的多元性上,可以和各式各样的机构合作,为不同层次、不同年龄的人群提供多样化的学习、参观机会。以学校教育为例,当前,随着时代的发展,学生接触新鲜事物的能力、机会已大大超越以往的任何时刻,所以,如果只是单纯地按照书本上的知识开展教育教学活动,将难以满足学生的实际需求。此时博物馆就是最佳的文化传播与教育基地,可以给学生提供与时间交流,和历史面对面的机会。同时,对于其他人也是一样的,在有限的时间里,如何更多地接受优秀知识文化的需要,其重点也是在于博物馆这一综合性的大学校,所有年龄段的人都可以乐享其中,以史为鉴,发现生命的真谛。因此,综合来看,博物馆是具有无可比拟的文化教育使命的。

三、博物馆文化特征的表达形态

无论博物馆所处的外部环境怎么变化,其最本质的文化特征是不会改变的,只会服务于其所特有的社会物质和精神发展。进一步分析博物馆的文化特征,可以看到博物馆的价值所指都在如何正确发挥其"教育"功能上,这种广义的教育价值应该被反思、再认识和从实践上重视,而这种教育既是一种通识教育,又是一种素质教育,还是一种可以引向更多可能性的、专业化学习的教育。中国的博物馆正在经历从高速发展到高质量发展的阶段,而高质量发展的基础需要认清博物馆在现当代的发展定位、目标、宗旨以及它所能发挥的价值。从西方博物馆近代发展的历史来看,博物馆在发展中不断强化它所独有的文化特征,即是它教育大众所发挥的价值所在,这对国家文化软实力提升、经济增长等方面有很大贡献。

(一)博物馆的知识特征

1. 以"物"为基础的知识生产与共享

博物馆的知识最主要也是最独特的来源就是博物馆的"物",要获取其中的知识,一定要从解读和阐释"物"开始,博物馆的"物"具有"博"的特点,研究它需要从不同的角度入手,呈现出"物"本身立体的信息。这与其他文化形式有很大不同,虽然"物"本身传递的知识也是经过加工的,但因为"物"的客观存在,这为知识提供了客观性与真实性。同时,博物馆知识既包括当下的知识,也包括过去的知识,甚至探索未来的知识领域。但这一切也是基于并通过博物馆的"物"而呈现，是物化的知识成果，展现了人类物化的知识演进史。

因此，博物馆是一个不同于其他文化形式的独特的知识生产机构。而知识生产的目的在于博物馆的公共性，为不断满足社会以及社会发展过程中公众对博物馆教育、研究、欣赏等方面的需求。从这个角度讲，博物馆知识的生产也在于知识的共享，而这种共享也有别于如图书馆等文化机构的共享，因为随着博物馆越来越开放和包容，博物馆知识共享可以发生在博物馆知识生产和传播过程中的各个环节。例如，许多博物馆的"物"从一开始就以共享的"姿态"展现给了公众，这也让博物馆知识的生产方式更多元，知识的成果产出更丰富。在博物馆知识的传播方面，由于科技和信息技术的赋能，博物馆通过陈列展览、社会教育、宣传营销、文创产品等传统方式的知识传播变得更有可接近性和参与感。

2. 以"知识建构"为模型的传播方式

博物馆作为知识的生产和共享机构，在其知识生产过程中就已经在进行传播。博物馆知识的传播特点并不以传播知识的量为核心，也不以传播知识本身为目的，而是帮助传播对象建构属于他们的知识体系。这种建构主义理论的运用在博物馆的教育中比较常见，也被不断讨论和实践。博物馆的展览、教育项目、新媒体宣传平台等属于博物馆教育传播的范畴，存在对象的多元与不确定性因素，如果只是单纯地考虑把知识"表达"出来，无论用多少"表达"方式，效果都会不尽如人意。只有通过不断地"建构"，哪怕每次"建构"的知识内容不多，但是在与传播对象连续地、交互性地产生联系的过程中，博物馆的知识传播会帮助他们建立起属于自己从博物馆传播中形成的"宏观世界"和"微观世界"的认知。这也是博物馆知识传播不同于其他文化载体知识传播的魅力之处。

（二）博物馆的情感特征

1. 为公众提供各种情感共鸣的场所

"博物馆的情感领域比知识领域大得多、美妙得多，认识博物馆的情感特征，发挥其特殊价值，博物馆的魅力会因之更强烈地释放出来，博物馆竞争力就会更强。"[①] 博物馆收藏历史、艺术、科技的物证，以此展示过去、现在和未来。博物馆的每件藏品本身也带着"情感记忆"，它怎么被发现？它的发现意味着什么？它为什么入藏？怎么入藏？等一系列带着"物"的基因问题组成了它最原始的情感价值。进而，博物馆的专业人员又将各种看似毫无关系的"物"组合并置在一起构建了新的情感关系。从教育的角度讲，能影响

---

① 苏东海，毛颖，龚青. 博物馆理论研究与博物馆发展方向——苏东海先生专访［J］. 东南文化，2012（1）：19-26+127-128.

人态度、情感和价值观的教育才是教育价值最高的体现。博物馆的文化特征恰好为这样的教育提供了沃土。博物馆的物可以给公众提供审美的情感、反思历史的情感、文化认同的情感、爱家爱国的情感、审视今天展望未来的情感，认识到这些博物馆丰富的情感特征，通过博物馆的表达方式不断塑造博物馆在公众心目中独有的价值，才会有更多的人走进博物馆，主动或被动、直接或间接地获取或接受博物馆传递的信息，这也是当今博物馆行业都在倡导其需积极响应社会发展需求，利用丰富的收藏、科学的研究、多样化的展示及多渠道的传播途径促进文化认同，为社会和社会发展服务的目标。

2. 浓缩的"记忆"：人—民族—城市—社会

在历史发展中，博物馆持续地发挥着文化认同和政治认同作用，文化认同是政治认同的基础。当代博物馆更加强调"以人文本"，从更深远的意义讲，博物馆的文化特征赋予它的高层次的文化使命就是通过博物馆以"物"凝聚的"记忆"让个人找到文化归属和认同的路径；让民族通过历史、文化的"记忆"更有凝聚力和文化自信；让城市因为"记忆"更有生命力；让社会的发展因为有"记忆"，厘清"来龙"，才知"去脉"。博物馆要认识到自身具备这种宏观情感价值的潜能，并以此为基础开展各项实践活动，提高收藏的针对性，提升陈列的层次性，赋能教育更为丰富的内涵。

（三）博物馆的道德特征

1. 道德教化是博物馆道德特征的价值所在

我国的道德教育随着社会的发展呈现出多元理论，但是从实践层面看，道德教育的主体更多是依靠家庭和学校，道德教育的方式较为单一，道德教育的空间较为狭隘。而道德教育是一种持续性且需要终身进行的教育，它具有时间、空间、人文等多方面的特点。光靠家庭和学校完全不具备提供这种长期的、终身的教育，况且人最终是走向社会的。博物馆文化特征中一个显著的特征就是道德特征，这不仅表现在博物馆拥有提高人道德境界的无穷资源，以及博物馆公共文化服务中所渗透的道德规范，更在于博物馆教育的经验结构、基于实物的认知路径、非正式情境的学习方式为道德的教化提供了全面的支撑。博物馆相比于家庭、学校以及社会其他文化教育机构更有能力实现道德教化，而非道德说教。

2. 建立"对话"：活化"物"蕴含的社会主义核心价值观

博物馆作为社会教育服务机构，在提高公众思想道德和科学文化、艺术审美素质等方面能发挥重大作用，能为社会主义核心价值观的塑造提供丰富的资源。而博物馆一件件文物本身就蕴含着民族精神、古代科技、古代艺术与技艺以及社会礼仪、典范等丰富的优秀传统文化内涵。博物馆需要建立与公众的对话机制，通过整合博物馆的公众形象、展览、教育课程

与活动、宣传与社交平台等多方面的资源，用文物讲好社会主义核心价值观，让其形象化、情景化、活动化、常态化。尤其对于青少年的德育教化，博物馆具有特殊的价值。

四、博物馆文化特征与博物馆教育目标的关系

博物馆文化特征的表达是发挥博物馆教育功能的过程。博物馆的文化价值也是博物馆的教育价值基础，更是博物馆的价值所在。博物馆是一所大学校，是人们终身学习的殿堂。对人们知识、情感、价值观方面的影响是博物馆最好的文化表达。因此，从广义上讲，博物馆任何一个功能的发挥，如征集、保护、研究、利用等，都在表达博物馆的文化特征以及为实现博物馆的"教育"目标而协作。

博物馆教育几乎呼应了博物馆本身所独有的文化特征，即知识、情感与道德。同时，博物馆教育也与家庭教育、学校教育以及社会教育有相似的目标，总体上为培养一个全面发展的人提供了各种资源。

博物馆教育中的知识是在博物馆知识生产和共享的过程中获取的，不同主体都有可能参与其中。另外，博物馆教育中的知识输出与传统的知识输出方式也有不同，博物馆通过其特有的"语言""符号""场景"来呈现知识，为不同对象提供可持续性的、可交互性的知识学习支撑。

要使得博物馆具备可持续性的教育价值，需要博物馆从业者意识到博物馆的情感特征，以及教育目标中对情感、态度与价值观的塑造。博物馆教育中的情感因素，宏观上，体现在博物馆通过对自身定位和目标的不断强化，在公众意识中形成情感链接，如通过举办展览、学术活动、教育活动和使用宣传策略塑造博物馆形象等；微观上，博物馆展览、教育课程与活动等设计，应该赋予丰富的情感体验内容，如场景的设计、场景中角色的融入设计以及回归到某个特定时间、地点和身份的活动设计等。

第三节 博物馆转型升级与文化教育实现

各个城市的博物馆承载着当地各历史时期的文化发展情况，博物馆每件藏品都有属于自己的故事和历史背景，见证着我国整体的历史发展。近年来，随着博物馆事业的发展壮大，大众对博物馆的认知程度都有所提升，其文化教育功能得到了广泛关注。同时，大众对博物馆的参观已经不再满足于传统简单的参观浏览，而是希望能够从中得到更多体验。对此，博物馆需进一步转型升级，强化自身的文化教育功能，以满足大众的精神文化需求。

一、博物馆文化教育现状

（一）功能定位不清晰，不重视文化教育

当前一些博物馆缺乏公益意识，只注重博物馆本身的收藏和研究功能，并未认识到博物馆深层功能，如忽视了博物馆对公众进行文化教育的功能，导致其文化教育功能的发挥受到了一定限制。又因为其自身定位不够明晰，无法充分认识到未来的基本发展方向，进而影响到了实际的业务工作，只一味模仿省级或者国家级大型博物馆的运行模式，并未根据当地的历史人文特性进行展品陈列创新，地方特色不明显，无法吸引更多民众参观。

（二）缺乏有效的现代化科技手段

当前社会是以信息技术为核心的智能化社会，博物馆在社会发展过程中也不可避免地会受到影响，导致其展示手段和文化传播手段发生变化，科技融合特点比较显著。但是部分博物馆展览内容和形式依然很老套，对现代化科学技术利用不足，创新性不强，陈列形式比较单一，从而影响到了文化教育功能的进一步发挥。还有些博物馆整体资源较为封闭，无法通过信息技术进行传播和分享，无法进一步扩大其文化教育范围，影响到了文化教育功能的实现和发挥。

（三）经费与专业人才较为缺乏

最近几年各个地区都在进行机构精简，导致博物馆编制也有所削减，但博物馆参观者的数量却在不断攀升，社会大众对博物馆的教育需求日渐增多，导致博物馆出现了人手紧张的问题。再加上一些关键岗位是由编外人员担任的，这些人员流动性较强，影响到了博物馆工作的有效展开。有些地区地方政府不够重视博物馆的发展，无法依照具体规定落实其发展经费，导致博物馆的文化教育功能无法得到有效发挥。

二、博物馆转型升级策略

（一）推动博物馆科技发展

对于博物馆来说，其自身应具有强大的创新服务意识以及科技创新意识，要积极利用当前的新技术和新成果，把博物馆的主要功能通过科学技术充分展现出来。在陈列设计方面，应当积极使用高科技手段展示文物藏品，对文字、图形、声音、动画等进行综合应用，从而激发参观者学习历史的兴趣和热情，如可以使用当前比较热门的AR、VR等技

术，让参观者身临其境地了解博物馆展品中蕴藏的历史文化，以达到相应的教育效果。

（二）政府部门加大投入

博物馆是一个地区文化的精华所在，对于提升居民和整个城市的文化水平具有极大的促进作用，也是当前弘扬社会主义核心价值观的主要场所。政府部门应当重视博物馆事业的发展，给博物馆文化教育功能的发挥提供更多政策保障，比如参照《博物馆条例》等相关文件，积极转变自身观念，认识到当地群众的精神文化需求，了解自身的职责所在，给博物馆在建设资金、用地、审批以及人员编制等方面提供一定的政策帮助，以促进博物馆发展和建设。

（三）加强文创产品开发

对于博物馆而言，不但要进行历史继承，还应当进行发展创造。博物馆在日常实际运营过程中可以积极学习中国国家博物馆、故宫博物院的成功经验，提升社会参与意识，积极挖掘藏品的文化内涵，并和文化创意、旅游产业等充分融合在一起，通过一些器物图案、文化内涵等设计出相应的文创产品。博物馆加强文创产品的开发不仅可以弥补发展经费的不足，还可以更好地进行博物馆宣传。

（四）引进高素质博物馆人才

现阶段，部分博物馆中工作人员的文化素养、业务能力以及知识结构等都无法进一步适应整个博物馆事业发展的基本水平，制约了博物馆研究功能的进一步发挥，也给展品讲解、宣传和教育带来了阻碍。博物馆应当加大对文博类专业人才的引进，对当前的博物馆人员编制结构以及整体管理模式进行改进，有效优化工作者积极性缺乏的问题。另外，博物馆还应当进一步加大对在岗人员的教育和培训，鼓励其积极深造，并和其他博物馆之间进行合作交流，从而达到拓宽视野、提升能力的目的。

三、博物馆文化教育功能实现

博物馆的教育对象具有极强的广泛性，基本包含了所有社会成员，所以要想发挥好其文化教育功能，就应当全面提升服务意识，使参观者能够在解读陈列展览的同时在心理上产生共鸣与认同。

（一）优化陈列展览

对于博物馆文化教育功能的实现来说，最关键的方式和手段就是陈列展览，而要想做

好该项工作就要先将博物馆原本的概念范围束缚打破,把博物馆当作社会教育机构,进而使用新型手段去重构。在展示上,通过各类资料和不同的展示形式去满足参观者的基本需求,建立起和观众的基本社会关系,进而获得博物馆在精神文化建设中的重要地位。陈列内容要具有精品意识,能够体现出地方特色,展现出陈列的主题,实现科学与思想的充分结合。同时,还要在体现馆藏物品的基础上,找到自身的优势,确保找到新的陈列选题角度,最终通过优势促进发展。

(二)充分发掘本地文物史料,丰富文化教育内容

各个地区的风土人情和历史发展都是一部极为丰富的百科全书,从中深入挖掘具体、形象的爱国主体和乡土知识资源,再通过展览充分展示,可以给参观者带来一定的亲和力和吸引力,促使其把注意力更多地放在博物馆的地方特色上。具体实施时,博物馆可以直接根据自身条件推出一些和爱国主义教育、乡土教育等相关联且能够充分展现本地风土人情的展览,比如大同市博物馆中的大同红色记忆馆就可以直接和爱国主义教育结合起来,平城记忆馆可以和风土人情教育结合起来,再配合相应的教育活动,把博物馆作为核心实施文化教育,从中不断总结和提炼精华内容,让参观者产生思想共鸣并获取更加丰富的教育知识,同时促进博物馆实现对外宣传。

(三)提升服务质量

通常参观者来到博物馆都有着观赏学习、参与演示以及互动社交等需求,这些需求都能够概括为教育需求,博物馆应当尽可能满足参观者的这些需求。

一是在设施服务方面,可以营造出一个优良的展示环境,打造出舒适且功能齐全的展厅,使参观者产生良好的视觉感受。例如,可以仿照欧美国家在馆中设立艺术信息室、创作室、少儿活动室等。

二是讲解服务方面,博物馆的讲解工作是让展品从"静"到"动"再到创造的过程,在这之中不但要让参观者充分了解展览的基本内容,还要获得知识并得到相应的精神享受。对此,讲解员就应当充分满足不同参观者的不同需求,能动态调整讲解内容。

(四)推动各方协作

进入新时期,博物馆应该转变原先闭门办馆和独家经营的观念及做法,实施开门办馆,与各方加强协作,在合作中竞争,在竞争中发展,从而不断扩大影响,实现多方共赢。

一是加强博物馆和其他博物馆之间的协作,在联合办展、联合宣传、联合票制等形式

下进行经营，从而获得更多参观者。比如，大同市博物馆就可以直接和山西博物院联合起来，促进双方人员交流、交换展品等。

二是可以通过微博、微信、抖音等媒体大力宣传，比如可以直接开辟相应的专题节目和专栏，制作专题宣传片，扩大宣传受众范围，提升博物馆社会知名度，从而实现对博物馆资源的进一步盘活。

三是可以通过电话联系、发送宣传资料、网上联系等方式和学校、企事业单位、社区、部队及党政机关等加强合作，通过自身资源给学校带来特色文化教育服务，或者直接和当地学校建立教育基地，制定教育计划，确定课外辅导员，使博物馆成为学生社会实践教育和思想品德教育的第二课堂，由此进一步提升博物馆的大众性和普及性。在与学校的联系方面，博物馆还可以帮助教师在课堂上使用馆内的图片资源等作为教辅工具，一起在促进教育的同时有效宣传博物馆的展览内容，促使学生积极主动地走进博物馆进行参观。

四是将教育拓展到网络领域，当前社会网络应用的地位越来越高，所以博物馆也应当把文化教育延伸到网络当中，比如通过建立数字博物馆、线上图书阅览室等来进一步开发多媒体网络教育资源，使公众能够直接在网上学习和下载相关知识。

总之，博物馆的文化教育目标就是实现全民教育，提升社会公众的文化素质，这就需要其在时代发展下不断探索升级转型策略，积极找寻教育新模式，丰富服务内容，优化陈列展览，加强各方协作，以促使博物馆教育功能可以充分发挥出来，成为社会主义精神文明建设的重要阵地。

第四节　博物馆文化教育的可持续发展

博物馆是前人留给我们无限财富与宝藏的存放之地。想要切实加强我国社会主义现代化建设，就要努力做到制度自信、文化自信和道路自信，而民族的自豪感与荣誉感就根植在博物馆的文物之中，因此，博物馆有着无可替代的文化教育功能，是进行优秀传统文化学习最直观、最生动的地方。但是，目前博物馆经费、人员的短缺与限制，导致博物馆存在重物不重人、重展不重教的现象，这对博物馆发挥自身文化教育功能有着很大的局限作用，所以，进一步探究其文化教育的可持续发展就显得十分重要。新形势下，要实现博物馆文化教育的可持续发展，就要从博物馆自身做起，在平台媒体利用、内容主题创建以及与校园等主体的对接等方面入手，实现自身进一步发展的跨越。

一、"互联网+"博物馆文化教育

博物馆文化教育的可持续发展离不开新时代多样化元素与传播媒介的应用。当前，

"互联网+"博物馆已然成为促进博物馆发展的重要举措。互联网技术的应用能够打破时间、空间等限制,并且可以使博物馆的文化教育功能在多个领域实现渗透。以往博物馆教育的局限性还体现在文化教育地点的选择、人员的配比以及多方面协调合作的程度,这都影响着其文化教育功能取得效果的好坏。当互联网等新媒体技术的应用铺开后,博物馆的文化教育便可以最大限度依赖自身的文化资源,最大限度减少别的因素的影响。通过互联网的远端共享,可以有效地将馆内的资源进行公益性的、社会性的分享。同时,互联网技术也可以最大限度与博物馆文化教育内容和方式相结合。通过互联网技术的应用,可以实现文化教育内容的推陈出新与文化教育功能的逐步完善,并且可以深化推广、普及博物馆文化教育的成功模板,实现博物馆文化教育的可持续发展。例如,在历史、建筑等传统领域,可以运用互联网的模拟仿真优势,搭建一个更为生动、更为广阔的教育平台,真正实现博物馆文化教育功能的延续与可持续发展。

在"互联网+"博物馆文化教育实施过程中,需要重新界定博物馆教育服务,打破传统博物馆文化教育的局限性,结合新时代群众对文化教育的需求,不断优化"互联网+"博物馆文化教育模式。传统的博物馆文化教育受众相对有限,而"互联网+"博物馆文化教育是面向社会所有群体而开展的非正规的公益化的文化教育服务。因此,在"互联网+"博物馆文化教育中要将公平性和公益性作为教育活动开展的中心,以互联网为主要的途径,一方面,实现对博物馆内部资源的有效共享,提高对博物馆文化资源的利用率;另一方面,能够充分结合当地文化教育发展的情况和需求,利用互联网技术对文化教育内容进行补充,对文化教育手段进行创新和完善,这样一来,在发挥博物馆文化教育职能的同时,也有效补足了当地正规文化教育中的缺失,从而构建起可持续、可推广的文化教育体系。

"互联网+"博物馆文化教育模式的创新中需要将兴趣作为主体,以兴趣激励的手段吸引更多群众参与到文化教育活动中,从而更好地实现博物馆的文化教育效果。比如,博物馆可以通过互联网技术对相关的数据和信息进行收集、整理和分析,了解群众的兴趣特点,并以此为基础,制定具有个性化的文化教育指导方案,开创丰富的文化创意产品等,进而形成具有系统性和可持续发展性的博物馆文化教育体系。在信息收集和处理的过程中,博物馆可以利用网络 APP 以及语音导览等途径来了解每一位群众所关注的文化内容和教育方向,在对这些兴趣、爱好以及关注重点等信息的汇总和分析下,可以帮助博物馆更加科学地制定文化教育方案,确保文化教育活动能够对群众有足够的吸引力。在进行"互联网+"博物馆文化教育活动时,一方面通过文物图片以及文字信息的方式对群众进行文化教育,另一方面通过互联网的声光电技术进行更加生动、具体的讲解,从而增强群众受教育的体验。与此同时,也需要运用物联网技术将博物馆中一些比较抽象、难懂的文

化进行转化,通过虚拟转化技术来提高群众的理解程度。"互联网+"博物馆文化教育模式的开发使得博物馆文化教育的受众范围得到扩大,满足了不同阶层群众对于文化的不同需求,极大地提升了博物馆文化教育的效果。

二、博物馆文化教育主题化

实现博物馆文化教育可持续化发展的另一个途径是将其内容主题化。文化教育作为博物馆的一个功能之一,其与博物馆的文物展览功能是有所区别的。要最大化地激发起参观者学习与参观的热情,主要就是要在文化教育的背景下将博物馆基于自身馆藏内容的不同,根据一定主题进行取舍,设计出多个能够满足不同参观者兴趣爱好需求的教育主题。这样做可以最大化地促进博物馆文化教育的可持续发展,还能将展览内容堆砌、内含知识点庞杂的博物馆变成一个能够激发观众求知欲,引发观众思考,促进观众实地体验的文化教育主题基地。因此,为实现主题化,要将藏品或相关的历史事件进行整合,注重满足不同年龄段、不同兴趣爱好群体的要求。这样才有利于博物馆在发挥文化教育功能时引起观众的精神世界、才智知识等因素的共鸣。同时,要做到深入探索、挖掘与藏品相关的历史典故或趣闻轶事,从视觉、听觉等多个维度为观众提供一场历史文化学习的盛宴,全方位增加参观群体学习的能动性和思考的深度性,全方位地提升参观群体的人文素养和科学精神。因此,从主题化设置出发,全面提升博物馆的文化教育能力,将是实现博物馆文化教育功能可持续发展的关键举措。

博物馆文化教育主题化的实施过程中,也可以根据受众群体不同而设置不同的主题活动,从而确保博物馆文化教育主题活动满足不同群体的不同需求,最终实现博物馆文化教育的可持续发展。比如,根据受众年龄的不同以及文化水平的不同而设置不同的主题文化教育活动,针对年龄较小的受众群体,比如小学生和初中生,博物馆可以通过开展"传统文化课堂"主题教育活动的方式来进行文化教育。在这类主题教育活动中,主要是给受教育群体设计相关的活动内容,让受教育群体能够在参与实践活动的过程中,了解我国优秀传统文化的内涵,感受传统文化的魅力。例如,可以在博物馆内进行现场的文化展示,如邀请民间艺人亲临博物馆进行民间艺术实际操作展示。因为年龄较小的受教育群体往往具备较强的好奇心,对新鲜事物充满兴趣,这种具有一定参与性的实践活动,可以充分激发受教育群体的参与积极性,并在参与的过程中实现对文化的普及和教育。针对年龄较大的具有高中及本科文化水平的受教育群体,可以开展具有一定难度的主题教育活动,因为,这部分受教育群体自身的思维以及思想已接近成熟,具有了一定的解决问题的能力和思考能力,设置这类主题教育活动,可以引导受教育者自主学习和探究,从而完成活动任务。在此过程中,能够加深受教育者对于文化的理解,并且能够培养受教育者优秀的品质和精

神。针对具有更高学历的受教育者可以设计相关主题的研习活动,主要是以研究为目的,可以促进受教育者在相关研习任务的驱动下,对我国优秀的文化加以深度研究。这不仅仅是为了促进受教育者自身的文化素养的提升,更主要是为了推动我国优秀文化的传承和发展。

三、博物馆文化教育的渗透和融入

将博物馆文化教育引入校园,与校园教育相结合,是博物馆文化教育功能延伸的又一重要方向。作为历史的见证者,博物馆有着得天独厚的优势,将博物馆文化教育引入校园,就能让博物馆的教育功能逐步放大,让文化活起来。用优秀传统文化培养青少年,教育青少年,对于培养青少年爱国主义情怀,提升其综合素质有重要意义。当然,目前将博物馆作为爱国主义教育基地,在现实情况中,还存在一定的问题。例如,教育形式单一片面化、教育内容零散浅薄化等,都影响了其文化教育功能的实现。因此,应该进一步将博物馆文化教育纳入青少年课程的内容体系,并拓展博物馆教育方式、途径,创新博物馆学习方式,这就有利于深入推进博物馆文化教育,让博物馆文化教育变得标准化、统一化。充分利用博物馆的文化教育功能,一方面,能够将优秀传统文化再现,让过去与未来相连接,对学生的道德素养、人文情怀都有着极大的益处;另一方面,也极大地促进了博物馆文化教育的可持续发展。优秀的传统文化补齐了学生的视野短板、认知局限,同时让博物馆实现了再次腾飞。让博物馆教育不刻板地、非强制化地融入校园,是将文化教育与素质教育相衔接的关键。

博物馆文化教育在校园教育中的渗透和融入需要采用相应的方法:一是,博物馆文化教育要深入校园课程教育中,为校园文化教育提供更加丰富、高质量的教育资源,从而充分发挥博物馆的教育功能。这就需要博物馆建立相应的文化资源共享机制,通过有效的途径,与学校共享博物馆文化资源。二是,博物馆可以结合目前校园文化教育的情况和发展需求,对博物馆文化教育模式及教育内容进行创新,毕竟校园教育是我国教育领域发展的主流,在教育政策方面更加科学准确,是严格按照我国相关要求实施的。博物馆要想使自身的文化教育效果更好,也需要借鉴其教育政策和制度,与此同时,要通过自身所具有的文化教育优势,补足校园文化教育中的缺失,提高博物馆文化教育的价值。比如,博物馆可根据校园文化教育的内容,开展丰富多彩的文化教育体验活动,给校园文化教育提供良好的实践场所。

四、加强对经费的投入以及专业人才队伍的建设

博物馆文化教育工作开展中需要有充足的经费支持,才能保障各类活动的顺利实施,因此,相关政府部门要成立用于博物馆文化教育的专项资金,避免因经费的不足而影响博

物馆文化教育功能的发挥。与此同时，还要调动社会各方力量，不断扩宽博物馆文化教育经费的来源，保障博物馆文化教育经费充足的同时也减轻政府的经济压力。另外，博物馆要结合文化教育工作开展的相关需求加强对专业人才的培养，不断提升博物馆工作人员的文化教育意识及文化教育能力，使其能够充分认识到文化教育功能的发挥对于新时代背景下博物馆健康持续发展的重要性，从而能够将文化教育真正作为博物馆经营与发展的主要目标。同时，也要结合博物馆与社会各方的融合需求，不断优化博物馆人才培养方案，比如，在博物馆与学校联合发展中，就要根据馆校结合发展机制的要求来制定完善的人才培养计划，建立相应的人才培养制度，完善人才培训内容，最终打造出一支高素质、高能力的博物馆文化教育人才队伍。

第二章　博物馆教育活动的组织管理与文化应用实践

第一节　博物馆教育活动的组织与管理

一、博物馆教育部门的使命与职责

（一）博物馆教育部门的使命和宗旨

博物馆不仅是一个充满思想智慧的地方，而且是一个被精心设计的系统。博物馆的教育体系就是该精密系统中的一个子系统[1]。它是由博物馆对公众所提供的一种不同层次、不同形态和不同类型的相互联系的教育服务系统[2]。

一直以来，博物馆的社会公共性主要通过其教育职能来体现，尤其是一些馆的公共教育部，往往同时联系着以博物馆之友和捐赠人为代表的各方社会资源，致力于博物馆促进公民教育、促进社会文明进步的核心任务和使命[3]。

教育被美国民众看成民主社会的基柱，人类智力、经济及社会总体水平进步的阶梯。美国博物馆长期致力于教育，以推进全面性的教育和休闲服务为己任，并将公众教育作为主要使命，且教育使命明确化。不论规模大小，绝大部分博物馆和美术馆都有着力量强大的公众教育部或教育服务部。这些教育部门除了拥有固定的、高学历的、教育及艺术史背景的专职人员，同时还拥有庞大的志愿者队伍[4]。事实上，自19世纪以来，美国博物馆的教育部门就纷纷成立，而且地位似高于馆内其他管理部门。教育被看成完成博物馆使命的必备内容[5]。

---

[1] 曹宏. 中国当代博物馆教育体系刍议[J]. 中原文物, 2007（01）: 104-107.
[2] 湖南省博物馆"中国博物馆与青少年儿童教育项目"赴美学习考察小组. 浅谈当代美国博物馆教育: 湖南省博物馆教育人员赴美考察报告[R]. 2010: 3.
[3] 单霁翔. 从"馆舍天地"走向"大千世界"——关于广义博物馆的思考[M]. 天津: 天津大学出版社, 2011: 78.
[4] 单霁翔. 从"馆舍天地"走向"大千世界"——关于广义博物馆的思考[M]. 天津: 天津大学出版社, 2011: 70.
[5] 南希·艾因瑞恩胡弗著, 金眉译. 美国艺术博物馆[M]. 长沙: 湖南美术出版社, 2007: 23.

克利夫兰艺术博物馆一直以来因其出色的教育活动为人称道，民众把它作为美国艺术博物馆的航标。1916年建馆之初，该馆就成立了教育部，并形成了一套向社会传达研究成果的方法①。重要的是，教育部从一开始就意识到面向广泛而形形色色的大众的教育规划有可能带来负面结果，也即一个广泛民主化的教育规划很可能降格以求适应最低水准。好在时任教育部主管的托马斯·芒罗（Munro）②找到了一种保证高水准的方式——普通教育（艺术欣赏的基本原理）与学术教育（研究与出版）规划并行的双轨制。因为，教育部的真正职责是教育而非取悦大众，教育的目标在于提高大众理解艺术的水准③。

大都会艺术博物馆的宗旨第五条所叙述的"鼓励人们欣赏艺术品和提高人们的认识水平"，基本体现了本馆教育部整体宗旨。大都会艺术博物馆的基本目标是教育和启迪观众，并且教育功能堪称一切活动的中心。馆内仅仅进行教育服务的办公室就有3个，并且还专设了1个办公室负责与学校沟通交流。

作为全球最大的博物馆航空母舰，史密森博物学院旗下几乎每座博物馆、研究中心、动物园都设有教育部门。

其中，国立自然历史博物馆是史密森最大、拥有藏品最多的馆，也是世界上最大的科学教室之一，为国际知名的科学、教育、文化机构。该馆教育和延伸（项目）部门通过展览、活动及在线资源，鼓励各年龄段公众更好地理解所生活的自然世界，并为他们注入惊奇感和责任感。教育工作者运用各种媒介来吸引观众发问，激发大家的科学素养并对周边自然世界承担责任。事实上，该部门的工作聚焦教育和激励下一代尊重自然界，并实现博物馆的使命，这其实也是全人类的共同使命。教育和延伸（项目）部门由一名负责外事和公共项目的副馆长主要管理，并且该部门与藏品部门、发展部门、特别活动部门、公共事务部门、展览部门、信息技术部门、设施营运部门等并列。

在史密森，拥有最高年参观量的国立航空航天博物馆的教育宗旨是：纪念国家航空、航天业的发展，并教育和鼓舞国民。因此，其教育组旨在开发教育素材，开展教育活动，提升公众对航空、航天业发展的理解和参与。它主要处理两大业务：国家广场④上的教育活动以及教育延伸项目。该教育组隶属于管理和公共项目部，与其并列的还有展示设计组、展示工程组、游客服务组、保护服务办公室联络处，整个管理和公共项目部由一名副馆长直接主管。

---

① 段勇. 美国博物馆的公共教育与公共服务 [J]. 中国博物馆，2004（02）：90-95.
② 托马斯.芒罗开创了关于如何在博物馆进行学习的专项研究，其以高标准教学内容教育普通大众的理念非常著名。
③ 段勇. 美国博物馆的公共教育与公共服务 [J]. 中国博物馆，2004（02）：90-95.
④ 史密森国立航空航天博物馆包括位于华盛顿国家广场上的博物馆，还有位于弗吉尼亚州的乌德沃尔哈齐中心。

而国立美国历史博物馆则将教育和阐释部门、新媒体部门、公共项目部门、游客服务部门一起置于"公共节目"办公室之下进行管理,同时还包括杰罗姆和多萝西勒梅森发明创新研究中心、非洲裔美国人文化项目、拉丁历史和文化项目。

(二) 博物馆教育部门的职责

教育部门是博物馆最重要的部门之一,它是各馆联结公众的纽带,以推进社会教育为主要使命,并负责一系列教育活动和项目的规划与实施。其职责其实也是各个教育工作者的日常职责,需要指出的是,没有一个教育部门或是教育工作者能自行开展教育活动。在整个博物馆架构中,教育部门基本自成体系,但与其他部门之间的交流、协调及合作是各项教育任务完成并取得成功的必要保证。

时下,"节目与特别活动"开始成为越来越多的博物馆教育部门的工作范畴。当然,许多大型机构都拥有专门的活动策划人员,但是在规模较小的馆,教育工作者常常要担起这份职责,并与其他员工一起来协调活动。教育部门通常会渗透到博物馆的所有节目中,然而节目举办的频率及组织管理它们所需的外部资源,都可作为衡量教育部门在最终成品中所扮演角色大小的指标。开发和管理活动所需的外部资源越多,教育部在其中的重要性似乎就越弱。而一个节目运行的频度越高,它更可能是由博物馆内部的教育部门员工或教育工作者策划实施的。

另外,教育部门最终的工作目标其实都落在"学习"上。在博物馆中的学习是非正规的,个体将选择在哪儿学、什么时候学、学什么,这与教室内的正规或结构化教学相对。因此,博物馆教育工作者要根据环境来设计项目,吸引观众想学习、想参与,刺激他们想了解更多的胃口。虽然教育工作者能从教室内使用的有效教学技巧中受益良多,但必须在博物馆环境中有所超越。让学习变成是一种有收获的享受,是教育工作者眼前的任务。

一直以来,克利夫兰艺术博物馆因其出色的教育活动为人称道。今天,克利夫兰艺术博物馆为青少年和成年人提供演播室及艺术史课堂,也邀请公众聆听由博物馆各主管馆长或访问学者主讲的报告,还为克利夫兰地区高等艺术学校开办高级别课程,同时与凯斯西部保留地大学合作为大学生和研究生开办艺术史课程。除此之外,博物馆还设立定期讲座和巡回展览,出版了大量书籍和目录册,制作了幻灯片和复制品等。其中,1995年1月之前学术性的博物馆《简报》每年都出版10期,之后它被会员杂志及年度学术期刊《克利夫兰艺术史研究》所取代。与此同时,博物馆还设置了教育行动计划,内容涉及教育的各个阶段(小学、中学、大学、研究生),还有成人的系统艺术学习或非正规的"文化体验"学习课程。的确,教育作为民主的支柱是美国艺术博物馆的中心使命之所在。教育项目的成长可能比博物馆任何其他内部元素都能反映民主及经济方面的内容。教育活动吸引

了大批观众,而他们反过来又以诸如入场费、会员费、图书及餐厅消费等支持了博物馆。艺术博物馆的流行感召力也吸引到公司捐助人,其参与极大地影响了博物馆的管理机制。更重要的是,在此背景下,艺术博物馆被视为使国民向善的重要手段:提升道德、传达历史及美学知识①。

二、博物馆教育工作者的构成与职责

博物馆的所有教育活动从根本上都是通过人来完成的,因此博物馆教育的价值和功能,最终也主要通过教育工作者的实践和受众的接受与变化来实现。也就是说,在构成博物馆教育的诸要素中,人的因素始终处于主导地位。其中,博物馆教育工作者可谓是关键中的关键,决定着该馆教育的广度、深度、实施效果和未来发展②。

由美国博物馆协会教育专业委员会出台的《博物馆教育的原则与标准》(*Excellence in Practice:Museum Education Principles and Standards*)报告提出,博物馆教育工作者是帮助机构实现教育使命的专家。他们认识到许多因素都影响了博物馆中个体的自发学习,因此致力于提升个体和团体的探索进程,并记录成效。在博物馆团队中,教育工作者扮演了观众拥护者的角色,并为广大民众提供有意义的、持久的学习体验。

需要澄清的是,博物馆教育工作者不完全等同于教育部门工作人员。在博物馆内,并非所有与教育活动和项目相关的人员都在教育部门工作,或是被人力资源部门界定为教育工作者。另外,一些欧美博物馆教育部门还配有讲解员或导览员(不将其作为教育部门正式员工)、志愿者(协助特别活动)、实习生或是阶段性员工等,作为全职员工的坚实支撑。同时,教育部门也花费了许多时间培训、调度和管理他们。

那么,究竟谁是博物馆的教育工作者?他们担负着怎样的职责?他们又需要什么专业素养?一言以蔽之,教育工作者作为博物馆教育工作的主要承担者在教育活动的规划与实施中扮演着关键作用。

从广义上讲,博物馆工作人员都负有教育的职责,都是教育工作者;从狭义上讲,博物馆教育工作者主要指与教育活动直接相关的人员。

依据扮演角色和发挥作用的不同,许多欧美博物馆的教育工作者主要由参与教育活动的专业人员、专职的教育工作者和志愿者三部分人群构成。

---

① 段勇.美国博物馆的公共教育与公共服务[J].中国博物馆,2004(02):90-95.
② 湖南省博物馆"中国博物馆与青少年儿童教育项目"赴美学习考察小组.浅谈当代美国博物馆教育:湖南省博物馆教育人员赴美考察报告[R].2010:6.

（一）参与教育活动的专业人员

参与教育活动的专业人员主要有博物馆研究人员、陈列设计人员和藏品保管人员。

博物馆研究人员，作为知识的创造者和管理者，需要将研究成果以各种方式回馈社会，他们可以通过出版物发布的方式，也可以直接将成果提供给陈列设计人员，并通过他们，将专业领域的成果转化成广大观众容易接受的知识；陈列设计人员则综合研究成果，充分考虑不同观众的需求，策划主题多样、内容丰富并受他们喜爱的展览，同时运用多元化展示形式，传达教育信息；藏品保管部门为配合教育活动的开展，通常从自身实际出发，有限地出借藏品、开放库房，还可复制藏品，为丰富活动提供教育资源。

这些专业人员为教育活动的开展提供了坚实保障。这也解释了为何现在史密森博物学院旗下一些博物馆开始要求策展人和研究者在教育活动上花费一定的时间，为针对社会公众或学校团体的教育项目作贡献了。

（二）专职的教育工作者

博物馆专职的教育工作者由教育活动的策划者、导览员/讲解员及博物馆教师三部分人群组成。

教育活动的策划者以研究成果为理论基础，并在与陈列设计人员充分沟通的基础上，针对不同的展览主题和内容、不同的参观对象设计灵活多样、个性鲜明的教育活动方案，以实施不同的教育目的。导览员作为与观众最直接的接触者，他们是博物馆教育实施的尖兵。观众通过与他们的交流，不仅可以获取大量信息，而且通过讲解还能更好地理解展示意图。博物馆教师目前尚处于发展阶段，让一些来自中小学校的教师，通过接受博物馆的培训，并结合中小学生的特点，与教育活动的策划者一起设计针对性强的项目，进而激发学生参观的兴趣。这些博物馆教师作为教育工作者与学生之间的桥梁，作用不容忽视。

专职的教育工作者担当着信息传达员、活动承办者、活动宣传员以及解说员等多重职责，他们以极大的热忱、运用生动活泼的形式与观众进行互动，帮助他们了解展览内容，激发其自觉学习的热情，并最终达到博物馆教育的目标。因此，专职的教育工作者对展览主题、内容、形式，以及展览是否为观众所接受等问题有着最直接的发言权，他们的意见与建议对推动机构今后的工作大有裨益。

专职的教育工作者通过不断借鉴教育学、心理学等其他相关学科的科学理念及方法，积极探索博物馆教育工作的特点和规律，并将研究成果广泛运用于实践，从而促进了自身

专业理论水平和教育项目质量的提高,以及博物馆教育理论研究的整体发展①。

(三) 志愿者

志愿者作为博物馆社会活动的实践者,作用正在不断增强。来自各行各业的志愿导览员,基于他们对博物馆的喜爱和对社会的奉献,积极为观众服务,一方面实现了自身价值,另一方面也为博物馆的社会教育工作增添了帮手。这些志愿导览员来源于社会,他们最了解普通观众的心理,也最明确观众来馆的目的。作为观众与馆方之间的桥梁,他们能用浅显易懂的语言提供服务,也能获得最直接的意见与建议,帮助博物馆更好地回馈社会。

鉴于"游客体验"在教育工作者的脑海中占据着主要位置,博物馆教育人员因而常常自问:"我们为何要做这些?""目标或要点是什么?""观众是谁?"这些问题对于研究人员、展览开发人员或是行政管理人员而言并非挑战,但教育工作者需要将经研究的内容、展项转化成一系列活动、描述以及其他富有创意的形式。同时,对于观众的考虑并不总是在其他博物馆员工的脑海中,因此使得教育工作者的"游客支持者/提倡者"角色在所有机构中都是必要的。事实上,将游客体验置于最高位置是博物馆教育的本质。

当然,教育工作者会鉴于自身优势、兴趣和机构目标来优先考虑或重点发展某些教育活动。工作方式的选择常常基于可用的资源、工作人员、博物馆所服务的社区、资助人的兴趣或利益,以及潜在的资金提供等。

目前,许多博物馆教育工作者或者教育部门工作人员的背景、技能、经验都大不相同。有人先前是教师,有些是内容策划人员;有人拥有博物馆方面的背景,有些则拥有技术方面的技能。鉴于他们需要担负的广泛职责,并且博物馆教育是一个非常专业的领域,因此正规和非正规的在职培训及逐步的经验积累,于他们而言不可或缺。有些机构的教育部门,旗下成员还根据对象观众进行工作细分,如专门针对幼儿园孩童开展教育服务等。

值得一提的是,时至今日,不少博物馆仍旧对教育工作者的角色界定存在误解,有些仅仅将他们视为专为学校和孩童服务的人员(虽然学校和孩童仍然是其主要服务对象)。但教育工作者们显然更倾向将自己界定为观众专家和学习专家,虽然不少人缺乏观众、教育理论、博物馆教育等方面的正规训练或专门技术和知识。可以肯定的是,不少教育工作者觉得目前的工作尚未得到充分认可和足够重视,这一点需要尽快得到改变。另外,不少教育工作者或是教育部门工作人员相对其他主要部门的成员而言,收入较低,级别也较

---

① 湖南省博物馆"中国博物馆与青少年儿童教育项目"赴美学习考察小组. 浅谈当代美国博物馆教育:湖南省博物馆教育人员赴美考察报告 [R]. 2010:7-8.

低。他们相对年轻,女性占多数。而有些机构的教育人员数量还不足,这就直接导致了在职人员压力大、工作时间长、维持项目难。这些都需要得到改进。

总之,由于博物馆教育工作者内涵的不断丰富,对他们的要求也有了新变化。建立完善的教育工作者考核机制和评估体系,是博物馆提升教育活动质量的重要保证。

三、博物馆教育活动的组织管理模式

这里借鉴欧美发达国家博物馆教育活动展开。纵观欧美博物馆事业发达国家,其博物馆教育活动的组织管理模式值得探究。它们虽因各自国情、馆情不同而有所差异,但主要具备三个共通特点:一是根据服务对象和工作性质,实行"分众化"教育项目管理;二是对观众参观博物馆的前、中、后三阶段进行"一体化"教育项目管理,涉及具体的策划与实施;三是围绕某个主题,开发一系列衍生活动,也即实行"衍生化"教育项目管理。

(一)实行"分众化"教育项目管理

时下,许多博物馆都在不断发展创新型教育手段,以扩大接纳量。不少博物馆教育部门都根据服务对象和工作性质,进行项目分工,从而"观众"不再是一个模糊的概念而是由许多个性鲜明的个体组成的复杂群体。

对于大都会艺术博物馆而言,其开展的教育项目,名目繁多,并契合了不同观众的需求。"日常项目"是其最基本的项目,主要针对各种自发的参观活动。馆中随时都备有免费的日常展览项目程序表,供游客索取利用。程序表的内容包括各展厅的简介,餐厅、衣帽间、洗手间等公用设施的位置以及步行路线,讲座、讨论会和影视资料的情况介绍。一些详细材料还公布于网上日程表、馆中每两月编印一次的日程书、传单以及每天张挂在馆门前的招贴广告。此外,团体观众还可事先预约不同语言服务。大都会艺术博物馆的日常项目旨在较大范围地吸引观众兴趣,加深民众对视觉艺术的理解,促使他们频繁光顾。

"学校项目"是该馆针对小观众的一项计划。据内部统计,每年约有20万小到幼儿园、大到十二年级的儿童和青少年以班组为单位参观大都会艺术博物馆。因而,教育部门也就一直忙于安排学生和教师的导游接待,并保障学生团体与其他接受导游的人流的持续循环和前后衔接。为了做好该项目,教育部门专门设立了教师培训工作室、课程资源袋及博物馆信息网页供学生和教师利用。尤里斯(Uris)图书馆的馆藏艺术图书、录像及其他辅助材料,也都提供给教师和学生使用。教育部门除了大量组织参观游览活动,还负责编印出版有关材料,便于教师将艺术纳入平时的课堂。该项目的目标是,使馆藏品成为学校课堂的实质性延伸。

"家庭和学生项目"是在前一项目的基础上,考虑到学生在周末、节假日与其家人的

活动而设置。大都会艺术博物馆每年向几千个家庭发放招待票，让学生在假日期间与家人一起免费参观。同时，馆方还根据不同对象提供多种语言服务。除了参观展品外，项目本身还包含了游览、画廊猎奇、家庭电影、艺术写作、绘画和艺术企划等。此外，馆方还提供有大量的讲座课程，这里面又分为初中、高中学生的免费课外项目与6~12岁孩子的周末家庭项目。每一项都是形式独特、内容有趣的艺术学习。

"社区项目"体现了大都会艺术博物馆通过与中等学校和其他机构的合作，使其教育计划越过高墙触及周围社区的努力。其中，最受欢迎的项目之一是"The Met Goes to school"（"大都会"进学校），它以幻灯片讲座和由馆方教学人员带领活动的方式，将艺术直接输入课堂。另外，其他一些馆外项目也很风靡，如有艺术家指导的工作坊，在社区中心、大学、老人疗养院和公共图书馆等处设立集体热线电话服务。

使馆藏艺术品走近每一个人，被大都会艺术博物馆视为基本职责。因此，馆方组织了多种适合病残和有生理发育障碍的个体观众的活动，立名"为残疾观众的项目"。服务包括针对各种展览系列的"手语解说"（Sign Language），引导有发育障碍的参观者及其家人游览画廊和艺术工作坊。还专门为有视觉障碍的观众准备了一系列可触摸的馆藏品，其中一些埃及艺术馆/厅无须导览，任由他们通过触觉来感知艺术品，也即"触摸展品"节目（Touch Collection）。另外一种叫作"口头描述游览"（Verbal Imaging Tours），指的是经过特殊培训的人员用洪亮的声音准确而生动地为患有视觉障碍的观众描述展品形态[①]。

（二）实行"一体化"教育项目管理

在教育活动的组织管理上，欧美博物馆的另一个突出特点是对观众参观博物馆的前、中、后三阶段教育活动进行一体化的规划与实施。

欧美博物馆界认为，教育活动不局限于观众的实地参观阶段，也包括参观前和参观后两个阶段。以"观众的实地参观"为分水岭，教育活动可以相对地划分为参观前的活动、参观时的活动和参观后的活动。参观阶段的活动固然是主体，但博物馆教育活动的规划与实施同样包括吸引目标观众、潜在观众和虚拟观众前来，以及对参观后的实际观众继续提供教育产品和服务。虽然三阶段的教育目标、任务都不同，实施策略、方法也各有侧重，但各阶段不是绝对分割的，而是一以贯之、环环相扣的一个系统，因此必须进行一体化管理，如此才能实现博物馆教育活动成效的最大化。

（三）实行"衍生化"教育项目管理

纵观欧美博物馆事业发达国家，其博物馆教育活动组织管理的另一大特色是，注重围

---

① 李清泉，林樱. 美国的艺术博物馆 [J]. 艺术市场，2003（Z1）：117-120.

绕某个主题，开发一系列衍生化项目。

"艺术基金奖"是英国最大型的艺术奖项，旨在对每年国内博物馆、画廊具创造性的杰出艺术项目①给予认可和激励，并提高公众对艺术的鉴赏能力。2011年，大英博物馆与英国广播公司（British Broadcasting Corporation，BBC）合作的"一段世界史"项目最终将桂冠收入囊中。它是双方共同策划的、一项历经5年（由策划到2010年正式实行）的大型社会公共服务项目，以BBC4台播出的"100件藏品中的世界历史"系列广播节目为核心，另外包括"互动式数字博物馆"、面向青少年儿童的"'遗产'系列项目""BBC'一段世界史'综合网站平台"等涉及广播、电视、网络多种媒体形式的扩展项目。英国国内550家博物馆和文化遗产部门先后加入。总之，大英博物馆发起的这一项目辐射面大、受众面广、颇具与媒体及同行合作的广度和深度，其开展的各项活动在博物馆社会服务、学校教育、公众历史文化教育等方面都产生了深远影响，被多家国际知名媒体评价为"空前的""开创性的""巨大的成功"②。

第二节　博物馆教育中传统节日文化的应用

博物馆教育活动发挥重要的文化教育作用。作为有着五千年深厚历史文化底蕴的文明古国，中国传统节日文化是中华民族身份认同的重要标识。在漫长岁月中形成的春节、清明、端午、中秋等众多传统节日，是中华优秀传统文化的历史积淀，其中包含着非常丰富的文化教育价值的元素，在传递中华优秀传统美德以及民族精神等方面具有非常重要的意义，也是对广大群众进行文化教育的重要的契机。

现如今，博物馆的教育活动更多地面向不同年龄层次的人群而展开，特别是对于青少年群体，更是要加强传统文化的教育，要结合传统节日文化对青少年开展有关价值等观的教育活动，通过创新的活动形式、有趣的活动安排等吸引青少年群体的体验和参与，从而让文化的力量真正地传递到青少年的身心之中。

博物馆在开展教育活动时具有很多的优势，而且教育活动也可以分很多的形式。关于传统文化节日这一主题，博物馆可以发挥自身的优势，整合相关的素材和资源，通过线上线下相互结合的方式，让青少年群体以及其他年龄段的群体对于中国传统的节日文化有更加全面而深刻的认识和体验，从而也提升教育的效果。笔者认为，将中国传统节日文化应用到博物馆教育活动中，需要提前做好相关的调查研究工作，才能更加有针对性地选择教

---

① 获奖机构可得到高达10万英镑的基金奖。
② 湖南省博物馆."一段世界史"获"艺术基金奖"大英博物馆登"年度博物馆"宝座[EB/OL].湖南省博物馆网站，2011年6月21日。

育活动的重点，以开展更加有效的教育活动。

一、中国传统节日文化的教育意义分析

通过博物馆开展中国传统节日文化的教育活动，先要明确教育主题和内容，分析对于广大人民群众来说意义何在、是否有开展的必要性，另外，也要深入地分析、研讨不同的主题以什么样的方式开展才会取得预期的效果。

实际上，中国传统节日文化除了在人们的日常生活中作为一种习俗保留下来，被广大青少年群体所认识和体验以外，在家庭、学校中以及各种媒体上都会围绕着传统节日的话题展开一定的讨论，一方面引起人们的关注，另一方面也传递着文化的信息。然而，青少年群体通过这样的一些途径所感知到的传统节日的氛围和接收的文化信息相对比较碎片化，没有系统地进行深入的理解和认识。青少年群体的注意力被一些新鲜、有趣的娱乐活动所吸引，而其中所包含的文化内涵、传统文明的精神等内核往往被学生所忽视。所以，在面向青少年群体展开的教育活动中，除了要用有趣的方式吸引他们的主动参与外，博物馆更是要想办法让他们真正地感知传统文化的魅力，并且从中得到更多丰厚的精神文化的力量。

总体而言，传统节日文化对青少年群体的影响力日益衰退。同时，调查也显示从不同途径的影响力角度看，青少年通过网络游戏和媒体感受传统节日文化最为普遍，其次是商业和促销活动，而本地风俗则位居末位。通过本地风俗影响青少年群体认识传统节日文化的弱化，说明我国传统节日文化现状很不乐观。博物馆在组织开展相关教育活动时，要更深入到青少年群体中，了解他们在参与这些活动中所表现出来的真实态度以及他们的收获。只有深入地了解青少年群体对于传统节日文化的态度，并且了解他们对传统文化节日的认同或疑惑等，才便于博物馆有针对性地开展一些教育活动，才能让教育活动深入青少年群体的内心。

从博物馆以往开展的传统节日文化的教育形式来看，这些教育活动由不同的部门主导开展，开展目的大多是为了营造传统节日氛围，让人们能够对传统节日有一定的了解。而博物馆外，很多商家也会借着传统节日的到来，做相应的宣传和促销活动。在多方的影响下，传统节日文化的纯朴本质已经受到干扰。因此，博物馆在开展传统节日文化的教育宣传活动中，要特别注意保持传统节日文化的原汁原味。在宣传的活动中，让青少年群体积极地参与，并且真正地感受到传统节日文化的魅力。

青少年群体大多都面临着非常繁重的学业和工作压力，要学习的内容非常多且学校的课程设置往往更注重实用性和专业性，对传统节日文化的关注较为缺乏，所以，假如活动开展得不够深入，自然便难以深入学生的内心中。这就造成了传统文化在青少年中的影响力不断下降。再加上外来文化的不断冲击，无形之中降低了青少年的民族自尊心和自豪

感。传统节日文化实际上是我们对青少年群体进行优秀的科学的价值观教育的重要载体，要分析现有教育活动中存在的不足，从而帮助我们进一步抓住教育活动的重点，砥砺创新，将相关的教育活动开展得更具有时效性。

二、博物馆传统节日文化教育活动的优势分析

针对传统节日文化在宣传教育当中所存在的不足，可以通过分析博物馆在传统节日文化宣传教育活动所体现出来的优势来进行相关工作的筹备和开展。

首先，博物馆具有非常丰富的宣传传统节日文化的资源，特别是与传统节日文化相关的具体实物，在教育方面可以起到更加直观的效果。博物馆都拥有大量的藏品，这些藏品既是展示和研究的对象，也是为观众传递知识和信息的实物资料。博物馆以这些藏品为基础，策划组织展览。观众通过对展出的文物、标本、模型及各种辅助作品的观看、阅读、触摸或亲自试验，多个感官参与，多个渠道获取信息。这样的教育传递方式能够比单纯的某一种方式具有更强的吸引力，也能使青少年群体产生更加深刻的印象，促进他们的理解能力的增强，让教育活动具有更强的感染力。

其次，博物馆传统节日文化宣传教育活动可以有非常丰富的形式。形式多种多样，直观和抽象相互结合，观察和体验相互结合等，这些都是博物馆在开展传统节日文化宣传教育活动时可以广泛遵循的原则。由于更多地考虑到了受众的特点，博物馆在准备相关教育活动的时候可以凸显出自身的优势，以直观具体的方式吸引广大的受众，并且融入一些人们感兴趣的元素，让教育活动更贴近他们的现实生活。另外，博物馆在组织多样化的教育活动时要注重互动性，让受众有机会参与到各种互动中来，让他们真正成为活动的主体，进一步提升活动的效果。

最后，博物馆宣传教育活动可以在对象方面更具有广泛性。虽然我们都知道青少年群体是我们开展各种教育活动的主要对象，但是博物馆开展宣传教育活动受众实际上不只限于青少年这一群体。特别是在当前信息技术的支持下，博物馆可以通过微信公众号、网站等方式及时地更新宣传的内容，通过线上线下同步进行的方式，让更多的受众不受时间、空间的限制，能够随时随地地了解相关的信息，从而接受传统的节日文化的教育。

经过以上的分析，博物馆在教育活动的组织开展中要重视传统节日文化这一重要的载体或主题，要结合传统节日文化的内涵和外延以及丰富的形式等吸引受众，让教育活动深入人心，取得更好的教育效果。

三、传统节日文化应用到博物馆教育活动中的策略建议

经过前文的分析，传统节日文化是博物馆开展教育活动的重要组成部分，在应用传统

节日文化开展教育活动时要明确受众的特点，并且在形式和开展的方式等方面贴近人们的生产生活的实际，让教育活动本身深入人心，以取得更好的教育效果。

（一）加强传统节日文化内涵的挖掘

博物馆开展传统节日文化的教育活动，要对每一个传统节日的内涵以及表现形式等做深入的研究和系统的分析，并且在此基础上创新教育活动的开展方式，让教育活动更能够吸引受众，产生强烈的文化认同。

在日常生活中，人们大都已经形成了对传统节日的一般认识，但是这些认识经常过于片面或碍于表面，人们并不了解传统节日所蕴藏的更加深厚的文化内涵。如果博物馆在挖掘、整理相关资料的时候，更加注重深层次内涵的挖掘，那么人们在参与教育活动时就会有更强的获得感，使中国传统节日文化在人们心中留下更深刻的印象。要发挥博物馆自身的优势，在相关资料的整理以及具体的文物的收集方面做到更加专业化，也体现出博物馆在传统节日文化研究方面的深入性。在开展教育活动的时候，要让受众直观感受到博物馆在组织相关传统节日文化教育活动中所表现出来的与众不同。

当然，要想把传统节日文化教育活动开展得有声有色，成为博物馆的一个重要的品牌，还需要获得相关领域专家的支持。如在重要的节日到来之前，我们可以邀请相关历史、文化习俗等方面的专家到博物馆开展主题演讲活动，让这样的演讲和宣传活动通过有效的宣传媒介传递到更多的受众面前。专家的参与会格外地引起广大群众的重视，从而也提升了教育的效果。

（二）将传统节日文化和博物馆的资源有效结合起来

有关传统节日文化教育活动的设计需结合馆藏的物品和相关的文字资料等来进行，运用专业的方法将博物馆的馆藏资源和教育活动自然融合在一起，达到更加直观的教育效果，凸显博物馆在传统节日文化宣传教育活动中的优势，使观众直观而深刻地认识传统节日。

在设计相关传统节日文化教育活动时，要有系统整合的思维，凸显博物馆的特色。对于博物馆自身的馆藏资源，我们要有全面的了解和把握，并且在传统节日即将到来之际，博物馆在展览的主题和宣传方向也更要凸显出传统节日文化的元素。这些都可以在日常的工作中有意为之，也为广大人民群众营造浓厚的传统节日文化的氛围。

实际上，很多传统的节日对人们生活的影响已经日渐式微，所以，我们要重新通过宣传教育活动呼唤人们关注传统节日文化，并且能够在过节的过程中感受到情感和精神上的洗礼和归宿。

(三) 根据受众的不同、节日的不同等丰富宣传教育的形式

博物馆会根据受众的不同和传统节日的不同等，展现出不同的特点，并在宣传教育中体现出这些差异。博物馆在组织、设计教育活动时，要更多地考虑受众的特点，使活动更具灵活性和适应性。

在我国，人们对于某些传统节日的认识会更加深刻，也会更加重视，如春节等。博物馆需提前了解和把握受众的情况和所需，更便于推陈出新，让每年同样的节日给人们留下与众不同的印象。

同样的传统节日在不同的区域，人们的习俗也会有一些不同。博物馆在开展教育活动时，要考虑到各地域之间习俗的相同和不同之处，特别是要突显当地的特色，不仅要让人们产生文化上的认同，而且要让他们了解其他地方人们在同样的节日的一些过节的方式，从而做到求同存异。在同一个地区的博物馆，开展的传统节日文化的教育活动也可以在形式上更加灵活多变，以吸引不同年龄阶段的群体参与进来。

面对年龄较小的中小学生，博物馆的文化教育活动更要注重发挥他们的主体性，多增加一些互动部分，这样远比让他们乖乖地听讲座效果来得好。因此，博物馆应充分地考虑不同年龄段的群众特点，考虑到他们的思维方式、人生经验的不同，有针对地进行活动内容和方法的设计，制定更明确的活动目标，让广大的参与者深刻地理解和体验传统节日文化。形式的不同，恰恰从不同的侧面，都让人们认识到了核心本质的相通。博物馆相关工作人员要具备创新的精神和实际的行动力，让中国传统节日文化的宣传教育活动深入人心，取得更好的教育效果。

总之，博物馆的教育活动可以把中国传统节日文化作为一个重要的载体，充分地发挥出博物馆的文化传承和教育的功能。博物馆可以根据不同的年龄阶段设计不同的教育活动，通过受众的体验和参与，增强他们对传统节日文化的理解，让中国优秀的传统节日文化变成人们的一种思考和行为的习惯，深入人们的日常生活中去。

第三节 非物质文化遗产在博物馆教育中的实践与思考

一、非物质文化遗产概述

(一) 非物质文化遗产的概念界定

"非物质文化遗产"（简称非遗）的概念作为一个学术术语，是一个普遍适用于一切

非遗现象的一般概念，是对所有非遗现象的共性进行概念上的高度抽象、概括的理论结晶。"非物质文化遗产"概念的形成，不但在人类文化遗产现象中确立了一个新的领域、新的学科类别，扩大和丰富了人类文化遗产所涵盖的版图，而且为非遗这一新的理论研究领域和新的科学研究对象确立了最普遍、最一般的概念基础，为非遗学的学科探讨确立了共同的话语基点和谈论场域。可以说，非遗这一抽象、普遍的概念，是非遗理论研究的第一块基石。非遗指各族人民世代相传的、与群众生活密切相关的各种传统文化表现形式（如民俗活动、表演艺术、传统知识和技能以及与之相关的器具、实物、手工制品等）和文化空间①。

尽管我们可以在理论上抽象、概括出普遍适用于任何非遗现象的一般概念，但是，现实中实际存在着的非遗现象，却都是个别具体、有血有肉、样态各异的。在现实中，并不存在某种抽象的、一般的非遗。而非遗作为一个一般概念，是对包括中华民族创造的全部非遗在内的整个人类非遗现象的共性进行抽象的产物。在这种抽象概括中，自然需要舍弃掉各种个别具体的非遗各自的独特性和具体表现形态，从而达到一种最高的抽象，最一般、最普遍的概括。因为只有这样，才能使非遗这样一个概念能够涵盖所有的非遗现象而无所遗漏。然而，我们在具体的非遗的实地考察、研究、传承和保护的实践中，接触到的往往都是一个个鲜活生动、个别具体的非遗现象。正像在一切科学研究活动包括自然科学和人文社会科学活动中都会遇到的那样，在非遗的理论研究中，同样会遇到一个"一般与个别"亦即"普遍与特殊"的问题。具体地说，便是非遗的一般概念与它的个别、具体的现实存在之间的关系问题。

在不同的国家，被纳入非遗的项目并不完全相同，因为每个国家的民族、历史、文化乃至国情都不甚相同。因此，每个国家对于非遗的具体分类并非完全一致。但是，联合国在综合了各国的非遗情况之后，由联合国教科文组织颁布的《保护非物质文化遗产公约》中，对于非遗的分类几乎涵盖了世界各国的基本情况，而中国的学者们提出的非遗的分类，几乎是以这部公约所确立的体系为基础进行确立的。

（二）非遗的特点

非遗种类繁多、内容复杂，为了进一步加深对它的认识，我们需要了解其特点。作为综合性的文化遗产类型，非遗有它的基本特点。但作为具体的各种不同的遗产项目，则是各有侧重。需要说明的是，对于各种具体的非遗项目而言，它们一般不会同时呈现出所有如下特点，且大都是各有侧重的。

---

① 曹芹. 浅析中国世界遗产的类别 [J]. 四川文物, 2006 (1): 90.

1. 传承性

从历时性来看,非遗的传承主要依靠世代相传保留下来,而且,往往是口传心授,一旦停止了传承活动,也就意味着消失。在一个家族内,传承人的选择和确定主要着眼于与被选择者的亲密关系与对其保密性的认可。通常,以语言的教育、亲自传授等方式,使这些技能、技艺、技巧由前辈那里流传到下一代,正是这种传承才使非遗的保存和延续有了可能。而这些非遗也成为历史的活的见证。假使没有了这些传承活动,就不存在这些动态的表现活动,也就更谈不上非遗了。例如,藏族史诗《格萨尔》,它与蒙古族的《江格尔》、柯尔克孜族的《玛纳斯》并称为三部英雄史诗,被誉为"东方伊利亚特"。《格萨尔》是迄今为止世界上最长的一部英雄史诗,至今仍被传唱。这部史诗全面而形象地反映了藏族从原始氏族社会向封建社会转变的历史过程,我们由此可以了解古代藏族社会的政治、经济、文化、历史和生活等情况,及其独特的文化——心理结构、文化价值、审美取向、日常生活、民风民俗。这部史诗完全是依靠民间的传承得以流传和保存,正因为如此,才需要我们赶快去抢救、整理,从而使它能够完整地保存下来,使其为全面而科学地认识藏族的历史和整个中华民族的历史发挥独特的作用。

2. 独特性

非遗一般是作为艺术或文化的表达形式而存在的,体现了特定民族、国家或地域内的人民独特的创造力,或表现为物质的成果,或表现为具体的行为方式、礼仪、习俗,这些都具有各自的独特性、唯一性和不可再生性。而且,它们间接体现出来的思想、情感、意识、价值观也都有其独特性,是难以被模仿和再生的。例如,剪纸艺术既是我国民间美术中特有的一种艺术样式,也是民间流行的一种表达理想、情感的手段,其独特性足以令世人叹为观止。就民间剪纸艺术而言,剪纸艺术有很普遍的用途,或用于制衣的绣花图样,或用于日常的装饰,或用于节日的庆贺。但剪纸又是一种象征符号,充满了丰富的含义,是中国人特有的祈福和祝福的方式,有独特的审美价值。而非遗中蕴含了特定民族的独特的智慧和宝贵的精神财富,是社会得以延续的命脉和源泉。

非遗承载着丰富的、独特的民族记忆,而记忆却又是容易被忽视和遗忘的,极容易在不知不觉中消失。因而,保护非遗也就是保护了独特的文化基因、文化传统和民族记忆。非遗是由劳动人民在生产生活实践中直接创造出来的,积淀下来的。它更加真实地反映了生产生活的实际,更加真实地体现了我们民族的特征。非遗充分体现了中华民族在历史进程当中逐步形成的优秀文化价值观念和审美理想,凝聚着中华民族深层的文化基因,展现了中华民族充沛的文化创造力。此外,这种独特性还必须与独一无二的创造力相联系。

3. 流变性

从共时性来看,非遗或通过一方有意识地学习、另一方悉心传授,或通过老百姓之间

自发地相互学习等方式得以流传到其他民族、国家和区域，这就导致了非遗的传播。这种传播呈现出活态流变的性质，使非遗的共有共享成为可能，而且这也是它与物质文化遗产的重要区别之一。通常而言，物质文化遗产的传播通过复制就可以获得，依据设计图纸和建造方案进行复制就可以了。但非遗的传播是一种活态流变，是继承与变异、一致与差异的辨证结合。在它的传播过程中，常常与当地的历史、文化和特色相互融合，从而呈现出继承和发展并存的状况。

4. 活态性

非遗重视人的价值，重视活的、动态的、精神的因素，重视技术、技能的高超、精湛和独创性，重视人的创造力以及通过非遗反映出来的该民族的情感及表达方式、传统文化的根源、智慧、思维方式和世界观、价值观、审美观等这些。非遗虽然有物质的因素、物质的载体，但其价值并非主要通过物质形态体现出来，它属于人类行为活动的范畴，有的需要借助于行动才能展示出来；有的需要通过某种高超、精湛的技艺才能被呈现和传承下来。非遗的表现、传承都需要语言和行为，都是动态的过程。对于具体的非遗类型而言，传统音乐、舞蹈、戏剧等表演艺术类型都是在动态的表现中完成的；民俗、节庆等仪式的表现也都是动态的过程；器物、器具的制作技艺也是在动态的过程中得以表现的。而且，非遗的活态性还表现在非遗的价值、存在形态和特性等方面。特定的价值观、生存形态以及变化品格，造就了非遗的活态性特性。

5. 地域性

通常，非遗都是在一定的地域产生的，与当地环境息息相关，当地独特的自然生态环境、文化传统、信仰、生产和生活水平，以及日常生活习惯、习俗都从各个方面决定了其特点和传承；离开了当地，便失去了其赖以存在的土壤和条件，也就谈不上保护、传承和发展了。由地域性还派生出其他特性，如群体性、历史积淀性、系统性等。

（1）群体性。从非遗项目的传承人来看，有时表现为个体性，但从总体上而言，非遗不是单个人的行为，而是集体智慧和集体创造的产物，通常以一定的居住地、社区、民族或国家为单位，并在这样的范围内流传、延续和传播。也许最初是由某个人的偶然的个体行为引发的，但在其创造、完善和传承过程中，主要是集体创造的产物，吸收和积累了许多人的聪明才智、经验、创造力、技艺。尽管有时是通过某一个人、某一个家族流传下来的。

（2）历史积淀性。非遗是在漫长的历史过程中形成的，有着极为丰富的经济、社会、历史、文化信息。而且，在传承过程中，又积累了历代传承者的智慧、技艺和创造力，成为人类智慧和创造力的结晶。它们本身不仅包含着丰富的历史文化信息，从中也反映出特定的传承者们的思维、情感、价值观等。例如，曾经成功地申报"世界人类口头和非物质

文化遗产代表作"名录的中国古琴艺术，就以其积淀的深厚的文化、历史、情感等信息而著称。古琴是世界上最古老的弹拨乐器之一，有2700多年的悠久历史。古琴艺术以音乐为主要载体，吸收了中国音乐的精华，它与文人雅士的生活、情趣和精神创造联系密切，具有丰富的人文内涵，从多方面体现了中国传统文化精神。

（3）系统性。非遗的系统性指非遗既与其"物质的"手段、载体相联系，又与其"活态的"技艺相联系，还与其存在、传承、延续、发展所必需的环境相联系，这些环境包括自然生态环境、人文生态环境、经济生态环境。事实上，非遗的系统性就是实施文化生态区保护的主要依据。例如，流行于中国西部宁夏、青海、甘肃等地的"花儿"以鲜明的乡土色彩和强烈的抒情性著称，作为一种深受回、汉、藏、撒拉族等多民族人民喜爱的山歌，它历史久远，内容丰富，歌词生动，曲调感人，集歌唱、文学、艺术于一身，具有极高的艺术价值、文学价值、文化价值、历史价值。实际上，它主要在"丝绸之路"周围流行，与那里的生产方式、生活方式和大的环境密切相关，对于这样的文化遗产，不但要关注其自身的各个方面，而且要关注其赖以生存的大环境，只有从其系统性出发，才能完整而全面地理解、认识它。

6. 综合性

非遗是各个时代生活的有机组成部分，它是一定时代、环境、文化和时代精神的产物，必然与当时的社会生活有着千丝万缕的关系。而且，由于它基本上是集体的创造，从而与局限于专业或专家的文化拉开了距离，这就导致了它的综合性，有许多非遗常常是与物质文化遗产联系在一起的。其综合性表现在：从其构成因素来讲，非遗往往是各种表现形式的综合，如作为非遗的戏曲就蕴含了文学、舞蹈、音乐、美术等多种表现方式；从功能来看，非遗往往具有认识、欣赏、娱乐、消遣、教育等多种作用。

例如，藏戏艺术有很强的综合性，它是我国较为古老的民族剧种之一，至今仍然流传于西藏、四川、青海、甘肃和云南、贵州等地，以及印度等国，其主要剧目有《文成公主》《诺桑王子》等八大传统剧目。又如，妈祖文化，起源于宋代的福建，它以妈祖信仰为核心，通过神话、传说、故事、音乐、舞蹈、戏曲、叙事歌谣、游戏、祭典、民俗、艺术等文化形式表达了其丰富的内容，并依托于建筑、雕刻和其他手工艺等有形的文化形式而存在。而且，妈祖文化所蕴含的道德感召力和道德说教也对后世产生了很大的、积极的影响；它在促进中华民族精神认同方面起到了不可替代的作用。可以说，妈祖文化是极具综合性的文化，是物质文化遗产与非遗交织、综合的产物，是综合各种表现形式的产物。

二、非遗在博物馆教育中的实践模式

作为公益性文化机构的博物馆，展示、宣传、传承物质文化遗产和非遗是其职责所

在。结合非遗的特征，我国非遗在博物馆教育中的实践模式主要有：

（一）举办非遗展览

非遗虽然具有非物质性特征，但是很大一部分非遗要借助物质形态来表现。博物馆通常通过举办展览，向观众普及非遗知识，展示当地独具特色的非遗文化内容，让观众领略非遗文化的独特魅力。非遗展览是博物馆宣传非遗的重要手段之一，如今，全国各地的大中小型博物馆几乎都设有展示当地非遗的展览。

（二）开展非遗讲座

博物馆通常将非遗作为基础，定期或不定期地通过组织召开非遗讲座来进行教育延伸。博物馆一般会邀请当地知名的非遗传承者，或是对非遗有研究的知名专家学者作为非遗讲座的主讲人。通过聆听讲座，人们可以获取非遗知识，同时围绕着非遗提出自身的疑惑，最终获得想要的答案。因此，开展讲座也是博物馆非遗教育活动中较常用的模式。

（三）举办非遗展演

表演艺术类、技艺类非遗具有非物质性和活态性特征，重在过程。因此，一些博物馆会设立互动体验区或工作室，让某种表演艺术、礼仪、节庆、传统技艺等原汁原味、动态地展示在观众面前，观众可亲自参与互动体验，近距离、全方位地感受这些非遗项目的魅力[①]。这也是博物馆非遗教育活动常用的模式之一。

（四）非遗进校园、进社区

非遗具有活态传承特征，让非遗活在当下，是博物馆的使命。不少博物馆都与当地中小学、社区进行合作，签订馆校合作、馆社合作共建协议，通过举办校园内部展览、讲座、文艺演出、传承人现场示范表演和开展冬夏令营、研学以及举办手工体验活动、游戏等形式，帮助学校的学生、社区内的居民更多地了解非遗，激发其对于非遗的兴趣，从而达到展示、宣传非遗的目的。

（五）开发非遗文创

由于非遗的活态传承，而且在活态传承的过程中具有变异性，非遗会不断地被发展和创新。因此，有条件的博物馆会利用非遗代表性项目开发具有地方、民族特色和市场潜力

---

① 罗玉蓉. 博物馆非遗项目宣教模式研究 [J]. 神州民俗, 2015, (12): 5.

的文创产品,达到非遗教育的普及化、大众化,同时又满足了游客的文化消费需求。

三、非遗在博物馆教育实践中存在的主要问题

以上是当前非遗在我国博物馆教育中的主要实践模式,虽然形式多样,但纵观这几种模式,可以发现非遗在博物馆教育实践中存在的问题主要有以下几点:

(一) 未深入研究非遗教育的目的

我国博物馆大多开展了非遗进校园、进社区的教育活动,但是只注重教育活动的形式和数量,却未深入研究非遗教育的目的。例如,在校园里向学生们宣传非遗文化,很多学生是被动式、填鸭式地接受,即使也有参与一些非遗项目的体验活动,但是学习过程只停留在粗线条、浅层次、碎片式的阶段,在活动结束后便乏人问津,即使是大型博物馆也难逃此命运。

(二) 展陈方式单一

虽然现在全国很多博物馆几乎都设有非遗展览,但是大多数展陈的方式都比较单一和呆板。大多为非遗项目文字介绍和图片,辅以部分实物展示,体验项目较少,参与度低,对观众的吸引力不强。因此,观众对非遗展览多是走马观花式浏览,获取的知识是碎片式和片段式的,感官体验较差。

(三) 教育模式趋于雷同

从目前非遗在我国博物馆教育中的实践模式来看,大部分博物馆利用非遗开展教育活动的教育模式趋于雷同,如都采用讲座、展演等形式,因这种教育手段相对简单,组织规划难度偏低。正是因为博物馆的非遗教育模式高度相似,缺乏新意,观众对此类教育活动也逐渐失去了兴趣。

(四) 未打造博物馆独有的非遗教育品牌

随着近年来非遗热度的提升,我国博物馆虽然积极利用非遗开展教育活动,但是并没有树立品牌意识,对打造非遗教育品牌未给予高度重视。开展非遗教育活动出现跟风的现象,没有形成持久性、差异性的品牌活动。

(五) 非遗文创特色不明显

博物馆非遗文创产品开发中的特色不明显,缺乏创意。一些博物馆的文创产品开发只

是对非遗文化元素的简单复制套用，比如将非遗图腾直接印在手袋、书签等常见的物品上，甚至有些是用机器代替手工制作，难以承载深厚的非遗文化内涵，也体现不出非遗特色，还容易给公众留下滥用非遗的印象。

四、利用非遗开展博物馆教育的实践策略

（一）深入研究非遗教育的目的

非遗教育目的在于非遗代表性项目的宣传、普及以及传承，最终目标就是传承。深入研究非遗教育的目的，可以更有效地促进非遗教育的传播工作。博物馆要利用传承人的影响力，发挥博物馆的社会教育职责，邀请非遗传承人进校园、进社区。如针对小学生，可开设非遗基础课程，普及非遗知识，让学生从小对非遗产生兴趣和热爱；针对中职生，可开设技艺类、表演艺术类等课程，将非遗传承与职业教育相结合，鼓励学生投身于非遗传承事业。另外，还可以将一些优质非遗项目加入高等学历教育中，扩大非遗传承和保护的社会影响力。

（二）活态化展示

让非遗"活"起来，非遗展品"动"起来，非遗展览要紧紧围绕非物质文化遗产活态传承的特征。在内容和表现形式上，通过人、实物和数字化技术相融合的形式，对非遗项目和非遗展品进行活态化展示。如各类口头传承的文学作品、语言等非遗，可以通过音频、视频或讲解员演示等形式；表演艺术类的非遗，通常是采用现场展演的形式；传统手工艺技艺类的非遗，主要是展示其制作技艺及其过程，可以用数字化技术或者让观众参与互动体验等方式，互动体验是活态化展示的重要一环，应尽可能鼓励观众参与其中。

（三）创新非遗教育模式

非遗具有地域性，某个博物馆构建的非遗教育模式取得成功，不代表其他地区的博物馆也适用该教育模式。因此，博物馆在利用非遗开展教育活动时，应当深度挖掘非遗资源，避免同质化，突出地域特色。另外，博物馆需要考虑到自身的实际发展情况，以及当地公众的需求，对基于非遗的教育模式进行合理的规划设计。如广东中国客家博物馆举办的"相约周六"文化惠民活动，定期在分馆梅州市非物质文化遗产展示馆内的非遗戏台开展客家山歌、广东汉剧等非遗表演，观众在参观非遗展陈后，可以现场观看非遗表演，参与互动。这项活动自举办以来取得了良好的社会效应，如今很多观众慕名而来。

(四) 打造博物馆非遗教育品牌

品牌教育活动的形成必须经过初级阶段、发展阶段和成熟阶段,其中,初级阶段主要通过宣传扩大活动的知名度,发展阶段主要是进一步提升认知度,成熟阶段主要是增强观众的关注度。因此,品牌教育活动需具备持久性特点[①]。例如,南京市民俗博物馆青少年社会教育的"品牌"活动——"500娃娃学非遗"。从2016年起,该馆就与南京市拉萨路小学建立了良好的合作关系,每年为该校量身定制一系列非遗研学课程,让参与活动的师生进一步了解中国传统文化,感知手工技艺的独特魅力。目前,"500娃娃学非遗"已经开展了7届,并逐渐形成了自己的品牌。该非遗定制课程还荣获了中国博物馆协会"2015—2019年度博物馆研学课程及线路推介活动"优秀课程(自然类,科技类,民族民俗类)等殊荣。

(五) 创新文创设计思路

非遗文创产品开发需要结合博物馆的实际情况和市场的实际需求,重点要结合有价值的藏品,通过科学合理的开发手段展现出藏品的文化内涵和文化价值。非遗文创产品的设计创新应兼顾实用性、美观性、材质选择、题材内容等多维度。其中,实用性方面要体现时代特征,要开发适用于当下生活情境的创新产品。以非遗傩面具为例,过去常用于祭祀仪式,如今祭祀礼仪日渐淡化,此类非遗产品已经不再符合现下的生活情境,失去了使用价值,也没有市场价值。在材质选择方面,应积极尝试新材料的应用,或传统材料和新材料的结合,为非遗产品的最终呈现带来更多可能。题材内容方面,大胆尝试挖掘新时代的故事题材作为主题内容进行作品的创作,是非遗产品创新的另一思路。

综上所述,我国博物馆组织开展的教育活动,在结合非遗之后,既能发挥出自身的教育职能,又能对非遗进行有效宣传及传承。博物馆可以选择运用活态展示的方式,创新教育模式和非遗文创设计思路,进而打造出一个有博物馆特色的非遗教育品牌,真正将非遗与博物馆教育有机融合,找到更适合博物馆教育、非遗发展的新途径。

---

① 谢静辉. 关于打造博物馆品牌教育活动的思考——以中国客家博物馆为例 [J] 客家文博, 2020 (03): 3-4.

第三章 博物馆陈列展览与文化教育研究

第一节 博物馆陈列展览的基本理论

一、博物馆陈列展览的相关概念

(一) 广义的展示设计

展示设计现在已成为约定俗成的行业术语,但是我们应该将其分解开,逐字深入理解。

先说展示。展,意思是张开,舒张开;示,则为表明,把事物拿出来或指出来使别人知道。展示合在一起也就是说将某项内容展开,并使别人知道,实现预期的效果。自然界中的现象如植物开花、孔雀开屏等是动植物的展示;人类则通过展示来传达信息。

再来看看设计。设,即设想,头脑中有想法;计,即计划,把想法有计划地落地实现。设计是把设想有计划、有规划地通过某种形式传达出来并实现的过程。

展示设计是指运用科学的组织策划和先进的设计手法,采用合理的视觉传达手段、恰当的色彩及设计元素和特殊的采光照明方式对某个空间进行创造,同时借助展具等设备设施,达到有效地向观众传达信息的目的,以期对观众的心理、思想与行为产生影响。可以看出,展示设计并非简单地将展品摆出来给观众看,而是经过有计划、有目的的设计后,将信息传达给观众。展示设计以物与人的关系为中心展开,必须充分考虑人的生理和心理因素。展示设计需要达到三个目的:创造良好的陈列空间和展示环境;创造最佳的陈列方式和展示形象;创造和谐的人机关系和人际关系。

随着社会的发展,展示设计的内涵与外延也在不断变化。通常来说,展示设计可以分为展(博)览会设计、商业空间设计和博物馆、美术馆、科技馆等主题展馆设计以及节庆环境设计和演艺环境设计。博物馆陈列展览设计属于展示设计的范畴,只是限定在博物馆的特殊性上展开讨论。所谓特殊性,主要从博物馆的性质说起,博物馆是一个为社会及其发展服务的、向公众开放的非营利性常设机构,为教育、研究、欣赏的目的征集、保护、研究、传播并展出人类及人类环境的物质及非物质遗产。教育是博物馆的首要功能,因

此，博物馆的陈列展览在本质上必须具备一定的教育性内容，以传播信息、教育公众为首要目的，并且要保证所展示传播信息的科学性，这区别于其他场所举办的陈列展览。博物馆的陈列展览必须要想清楚两个问题：举办该展览的教育目的是什么？如何达成此教育目的？一般的陈列展览虽然也展出一些观众尚未知道的事物，使观众感兴趣，并了解学习新知识，也有教育性，只不过教育性要素占据派生的位置。例如，商业展示的主要目的在于促销，艺术家举办个人作品展可能是想提高自身声望，即使是作为正规教育机构的学校举办展览，也可能是为了宣传自己学校的历史或科研、教学成果等。而博物馆作为公益性的公共文化服务机构，观众是博物馆的服务对象与公共文化的受益者。正由于博物馆陈列展览的主要目的不同于其他场所的陈列，因而在展示设计观念原则及具体方式方法上与其他陈列有所不同。这也是我们单独讲解博物馆陈列展览的必要之处。

博物馆陈列展览的核心特征是什么？它与商业会展、普通建筑装饰工程以及迪士尼等娱乐设施有何不同？各类博物馆陈列展览又有什么特点和规律？在学会策划博物馆陈列展览前，我们首先需要明白博物馆陈列展览的性质、特点和功用。

(二) 博物馆陈列展览概述

博物馆陈列展览是指在特定空间内，以文物标本和学术研究成果为基础，以艺术的或技术的辅助展品为辅助，以展示设备为平台，依据特定传播或教育目的，使用特殊的诠释方法和学习次序，按照一定的展览主题、结构、内容和艺术形式组成的，进行观点和思想、知识和信息、价值与情感传播的直观生动的陈列艺术形象序列。

也就是说，博物馆陈列展览是一项基于传播学和教育学的，集学术文化、思想知识和审美于一身的，面向大众的知识、信息、文化和艺术的传播载体。

除了实物性、直观性等特点外，博物馆陈列展览的核心特征是：知识性和教育性、科学性和真实性、观赏性和趣味性。

"知识性和教育性"是博物馆陈列展览的目的，这是指博物馆展览的目的和宗旨是进行知识普及和文化传播，以及服务公众教育的需要。因此，陈列展览要有文化学术概念，有思想知识内涵，能给受众以信息、知识和文化，起到传播观念和思想、知识和信息、文化和艺术的作用，起到公众教育的作用，起到促进文化交流和传播的作用。一个没有思想知识内涵、不能起到知识普及和发挥公共教育作用的博物馆陈列展览，纵然其表现形式如何花哨，那它一定不是一个合格的博物馆陈列展览。

"科学性和真实性"是博物馆陈列展览的前提，主要指博物馆陈列展览的建设要有扎实的学术支撑，要以文物标本和学术研究成果为基础；一方面，博物馆陈列展览应以真实的文物标本为基础；另一方面，陈列展览提出的观点、思想、知识和信息都必须建立在科

学的学术研究成果之上；第三方面，图文版面的设计、艺术的或科学的辅助展品的创作等，也都必须以科学的学术研究成果和客观真实的文物标本为基础，是有依据的还原、创作和重构。没有"科学性和真实性"做保障的博物馆展览，必然不是一个真正的博物馆陈列展览。

"观赏性和趣味性"是博物馆陈列展览的手段，主要指博物馆陈列展览要有较高的艺术感染力和观赏性。博物馆是个非正式教育机构，参观陈列展览是一种寓教于乐式的学习；同时，虽然陈列展览传播的观点和思想、信息和知识是理性的，但作为一种视觉和感性艺术，其表现的形式应该是感性的。即一个好的博物馆陈列展览，不仅要有思想知识内涵、文化学术概念，还要符合现代人的审美需求。只有具有较高艺术水准、有引人入胜感观效果的陈列展览，才能吸引观众参观。反之，一个学术味过重、枯燥乏味，或缺乏趣味性和娱乐性的陈列展览，必定不是一个好的博物馆陈列展览，必定难以吸引观众，也不符合博物馆非正规教育机构的性质。

从上述博物馆陈列展览的核心特征来看，显然，博物馆陈列展览不同于普通建筑装饰工程，也不同于商业会展、迪士尼等娱乐设施。一般商业会展是产品营销和市场推广，例如钟表展、家具展；普通建筑装饰工程是办公和居室的环境美化和装饰，例如家庭装饰和办公室装饰；迪士尼是娱乐设施，手段和目的都是娱乐。因此，在博物馆陈列展览建设和工程管理中，我们切不可将博物馆陈列展览等同于普通建筑装饰工程、一般商业会展和娱乐休闲设施来处理。

上述陈列展览的核心特征不仅是博物馆陈列展览区别于普通建筑装饰工程和一般商业会展的特征，也是考核博物馆展品展项的基本标准。例如，当我们在评价一个陈列展览的辅助展品（场景、雕塑、模型、动画、绘画、图文版面等）时，基本的标准就是"知识性和教育性""科学性和真实性"以及"观赏性和趣味性"。凡是达到上述三个标准的展品展项，就是一个好的至少是合格的博物馆展品展项，否则就是一个不合格的博物馆展品展项。

如果按照上述博物馆陈列展览的核心特征来考核我国博物馆的陈列展览及其展品展项，显然，目前我国很多陈列展览及其展品展项均达不到博物馆陈列展览核心特征的要求，特别是辅助展品的设计制作存在严重的问题。因此，在筹建一个陈列展览时，必须坚持博物馆陈列展览的核心特征的原则，否则就不是一个真正的博物馆陈列展览，不是一个真正的博物馆展品展项，至少是一个不合格的博物馆陈列展览或博物馆展品展项。

二、博物馆陈列展览的类型及要素

（一）博物馆陈列展览的类型

类型划分是一项困难而有意义的工作。划分博物馆陈列展览的类型，除了依据一定的

标准,还应遵循以下两大原则:一是科学性原则。要想正确地进行类型划分,就要科学地进行操作。首先,保证划分后的各子类型的外延之和与博物馆陈列展览相重合。划分的目的在于明确博物馆陈列展览的外延。其次,保证每次划分按照同一标准进行。如果在一次划分中未按同一标准进行,那就会出现有些博物馆陈列展览同时属于几个不同的子类型外延的情况,使划分的结果混乱不清。最后,保证划分后的子类型互相排斥。如果划分后一部分博物馆陈列展览既属于这一子类型,同时又属于另一子类型,这样的划分会引起人们对博物馆陈列展览外延把握的困难。二是实用性原则。对博物馆陈列展览进行类型划分,是要了解目前博物馆陈列展览的现状,为以后的工作打下基础。只有划分的类型实用,所做的划分工作才有意义。

根据不同的标准,可以将博物馆陈列展览划分为以下类型:

1. 按照陈列展览的时间分类

第一,基本陈列。这是从本馆的基本性质和任务出发,大量运用特色藏品,设计上强调系统性,内容相对固定且常年对外开放的陈列。要求具有鲜明的个性特色,同时与本馆其他临时展览有机地联系在一起,遥相呼应。陈列内容有持久性,要求选用耐久性的展品,但不排除因科研工作进展或展品保护需要而局部更换展品、设备或辅助材料的可能,所以,"固定"只是相对临时展览而言的。

第二,临时展览。此类系指内容专一,小型多样,短期展出,可以经常更换的展览。如果在设备设计方面做到便于运输和拆装,也可称为流动展览。临时展览内容丰富,形式多样,是吸引观众多次走进博物馆的重要手段。就博物馆陈列展览部门的工作而言,基本陈列虽属第一位的首要工作,但在基本陈列完成并开放后,临时展览往往成为陈列展览部门的主要工作。

关于临时展览,国家文物局倡导各博物馆要积极扶持原创性、主题性展览,如南京博物院、广东省博物馆等博物馆不断推出大型原创性特展。这些大型的、原创性的"临时展览"在博物馆履行职能方面发挥了重大作用,具有博物馆服务社会发展和社会公众的行业特征。

2. 按照陈列展览的场所分类

第一,室内陈列。按一定的主题从藏品中选择出展品或制作出展品,并放在建筑设施内展出,称为室内陈列。其陈列场所主要是展厅,但有时也在门厅展出本馆的标志(象征)展品,或利用走廊展出。室内陈列是博物馆最常见的展出形式。

第二,室外陈列。其与室内陈列相对,是指在博物馆辖区内的露天陈列。在收藏品中,那些因体积或重量过大而不宜搬入展厅的展品,或放在室外有利于美化博物馆整体环境且不怕风吹日晒雨淋的展品,可以选出来放在博物馆辖区内展出,这是室外陈列。

第三，野外陈列。这并非由于不能搬入建筑内而放在室外，而是一开始就以野外为主体进行陈列的。与上述博物馆辖区内的室外陈列相比，其性质和规模均有所不同。野外陈列又可分为两类：一是人为地将某类物品汇集在野外进行展出，二是原状保存展出野外的遗址或自然物品。

人为地将某类物品汇集在野外进行展出，也可称为收集品的野外陈列，其方式方法与所谓室内陈列基本相同，只不过展出场所是野外而已，但比室内陈列的效果更好。例如，国内所见的碑林博物馆即属此类，动植物园可谓典型。原状保存展出野外的遗址或自然物品，更接近以往所谓遗址陈列或自然保护区的概念。

第四，流动（巡回）展览、出租展览。流动展览是为了照顾那些因住地较远而难于利用博物馆的人，与当地有关设施协作以适当场所为展览会场，将博物馆藏品运去举办的展览，并在一定展出时间后逐次运往其他会场展出，以丰富地方文化生活。也可采用巡回展览车的形式，机动灵活，使博物馆教育传播工作深入偏远地带。四川博物院和内蒙古博物院等都有流动博物馆，把展览送给外地观众欣赏。

出租展览主要是向学校出租放入小型集装箱内的展览道具。先在博物馆把各门课程教材编成展览版面，然后放入箱内，一打开箱盖，立刻呈现出按教学计划编排的展览。有的博物馆做成文物出借盒，方便博物馆出借文物等相关教具。

3. 按照陈列展览的传播目的分类

第一，器物定位型展览。此类展览的主要目的是在最佳条件下呈现展品的艺术价值或美学价值。这类陈列的主要目的不是知识性理解，而是通过欣赏来提升观众的感性认识，陶冶情操。在美术馆和艺术博物馆常见这类陈列，为显示展品的价值和微妙情感，在展出手法上十分强调空间的舒朗和恰到好处的光照效果。此外，由于不以知识性理解为首要目的，因而一般来说说明文字也不多。上海博物馆的定位为艺术类博物馆，因此其青铜器馆、玉器馆、陶瓷馆、钱币馆的陈列展览都是以表现文物的美学特征为主，除了展品的说明牌，辅助性的说明材料不多，观众以欣赏上海博物馆馆藏的精美文物为主要目的。

第二，信息定位型展览。在信息定位型展览中，实物展品不再仅仅是欣赏的对象，也不再是博物馆展览中唯一的陈列要素，而成为故事叙述系统中的要素之一，扮演着故事叙述中物证的角色。其具有明确的系统性和情节性，所强调的是信息传播。

4. 按照陈列展览的手法分类

第一，静态陈列。这是最传统的展出手法，优点在于观众可以清晰地观察展品的造型和色彩，而且展品损耗量小。若是为形态学和分类学研究工作服务，不妨采用静态个体或分类陈列方式。但若想表现生态、行为及形成过程（发生、生产）时，静态陈列手法就无能为力了，它的弱点在于不能具体表现时间流程性信息。

第二，动态陈列。随着多媒体技术的发展，特别是2010年上海世博会之后，中国的博物馆开始大量采用声、光、电等多媒体技术手段展示，这种动态的陈列方式能够增加陈列展览的趣味性，吸引观众的眼球。最为典型的就是上海世博会时展出的大型电子多媒体版《清明上河图》，作品长128米，高6.5米。整个作品结合声、光、电效果，使用12台电影级大型投影设备，让观众身临其境，仿佛穿越回北宋那繁华的汴梁城。这样的方式对世博会之后的中国博物馆陈列展览产生了重要影响。

第三，操作演示陈列。在这种陈列中，人本身并非陈列对象，人所进行的操作和行为动作才是陈列对象。动作的主体是博物馆的工作人员（或志愿者），而非观众，因而不属于"参与型陈列"。日本丰田产业技术纪念馆（Toyota Industrial Science and Technology Museum）内，工作人员现场为观众演示纺织机器的工作过程，演示结束后，还将该机器纺织的小手帕送给观众留念。

第四，活态陈列。运用这种手法的典型就是动物园和植物园，实际上自然史博物馆也应积极采用这种手法。自然史博物馆大都有采用饲育、栽培陈列手法的潜力和必要性，由此使室内陈列富有生机。英国牛津大学自然史博物馆（Oxford University Museum of Natural History）在展出掘地蟑螂（burrowing cockroach）和马达加斯加发声蟑螂（Madagascan hissing cockroach）时，采用透明中心柜的方式，把活体的蟑螂饲养在展柜里供观众参观，观众看到的不仅有蟑螂的生物信息，还有蟑螂活态的生活方式。

第五，多感官陈列展览。观众通过视觉所能获取的信息，仅限于物体的位置、大小、造型及色彩等，而通过多感官（触觉、听觉、嗅觉、味觉、机体运动觉等）则能获取质感、硬度、重量、音质、温度、味道等多方面的信息。维京人（Viking）是英国历史上重要的一个人群，后来由于气温骤降、基督教的同化、与当地人通婚等因素，维京人逐渐淡出历史舞台。1976年至1981年，考古学家在铜门（Coppergate）发掘出具有千年历史的维京人的定居点。1984年4月，在考古发掘的原址上建立的维京中心（Jorvik Viking Center）开放。在经过16年的研究之后，考古学家对维京人的饮食、穿着、贸易和建造房屋的方式等信息有了更多了解，这些研究促使了维京中心的"改陈"，并于2001年重新开放。现在的维京中心位于铜币购物中心（Coppergate Shopping Centre），排队买票时就有工作人员身着维京人的服装维持秩序。观众乘坐时间舱（time capsule）穿梭于复原的维京时期城市中，可以看到正在用鹿角制作梳子的工匠、铁匠铺、正在工作的木车工匠、两个工人正在建造一座新房子，以及屠夫的工作间、热闹的市场、维京时期的厕所等。除了视觉上的享受，观众还可以闻到鱼腥味、农家院子里的味道、木柴燃烧的味道、熔炼铁的气味、烤野猪的香味，还有市场里的各种气味。观众还可以感受到微风拂面，听到打铁的声音、市场的叫卖声等，仿佛真的穿越到了维京时期。这样多感官、静动结合的展示方式给观众带来

了真实的感受，留下了很好的印象，同时也达到了很好的展示效果。有的博物馆在展览中设置多感官的互动体验展项。

（二）博物馆陈列展览的构成要素

关于陈列展览的构成要素，我们首先要意识到，陈列展览是在一定"空间"发挥作用的。场地空间的大小，制约着陈列展览的规模。"空间"，亦即场所是第一要素；第二要素是意欲向观众传递的"思想"，包括意图、观点、想法；第三要素是"展品"，包括文物标本类的实物资料和信息类的资料；第四要素是通过展品来传递思想时所需要的"设备"，包括展具和传播装置；第五要素是制作这些设备所需的"资金"，即支付材料和人工费的经费预算；第六要素是陈列展览工程所需的"时间"。亦即，陈列展览的构成要素有六项：空间、思想、展品、设备、资金、时间。无论缺少其中哪一项要素，都办不成或办不好陈列展览。

1. 空间

博物馆选址是建筑设计前期工作中的重要环节。选址宜在地点适中、交通便利、城市公用设施比较完备的地段，周围应没有污染源，场地干燥，排水通畅，通风良好。具体有以下十项原则：

第一，建筑设计符合工艺设计要求是博物馆建筑设计的根本原则。博物馆在提出建筑设计任务时，必须先期进行博物馆工艺设计的研究。工艺设计重点研究的内容主要是参观线路、内部工作人员行走路线及藏品运送路线三线的合理安排，展厅、库房及其他业务用房面积的适当分配，文物、标本保护温度、湿度的参数及各项相应的装备、设施等。

第二，在确定先工艺设计、建筑设计工作程序的同时，博物馆工作者与建筑师之间应建立密切合作的关系。

第三，建筑方案的确定应该经过科学严密的论证，广泛与博物馆保管人员、陈列人员、研究人员、宣教工作者、文物保护科技工作者等进行综合讨论研究，并听取城市规划、气象学、环境学、社会学等方面专家学者的意见。

第四，博物馆建筑设计的重点是展厅和库房的设计。其中，展厅设计重点是妥善解决平面与空间布局中系统性、顺序性与灵活性相结合的问题，以及采光、照明问题；库房设计重点是建筑防潮、保温、密封性，保证库房小气候稳定问题。在展厅与库房之间应考虑藏品运送的安全问题，凡藏品所经之过道、走廊、门厅、庭园均不宜设置台阶，二层以上的库房、展厅均应设置客货两用电梯。

第五，博物馆建筑防盗、防火必须严格遵照国家的防范规定。博物馆与四邻建筑应保持相当距离，以隔离外来火灾。

第六，博物馆建筑外貌应当反映博物馆的性质特征，不同地区、不同性质的博物馆应该具有个性特色。现代博物馆建筑要反映现代博物馆的风貌，在提倡博物馆建筑形式民族化的同时，反对建筑创作上的形式主义。

第七，博物馆设计不仅要满足当前的使用要求，而且要预计将来的发展，因为博物馆事业总是随着社会进步和文化建设的需要而发展的。博物馆建筑总平面规划，应为将来发展准备好扩建增建的余地。

第八，根据博物馆的性质、级别和所在地区的地质情况确定相应的防震等级，做好建筑物的防震处理。

第九，博物馆建设经费的筹划与分配不仅要研究当前基建与设备投资的合理分配，而且要考虑装修投资及建成后常年维护管理和能耗的经济性。

第十，如果利用古建筑改为博物馆，须保持古建筑本身及周围环境的风貌，并遵守各项文物法规、消防法规等，做好防火、防盗及陈列展览等基本功能方面的设计，但藏品库房仍以新建为宜。

展厅和库房是博物馆建筑的主体，相比而言，展厅处在博物馆"前台"位置上，是博物馆的"面孔"。观众到博物馆参观主要是在展厅里活动，它是公共性的开放场所。展厅的使用功能复杂，既要保护展品不受自然或人为因素的损伤，又要有大量人流行走和活动的空间，对建筑结构要求很高；既要便于观众参观，又要具有一定的艺术气氛。所以，展厅处于最重要的地位，是博物馆建筑设计的重点，对陈列展览工作乃至整个博物馆的形象都有直接的影响。

《博物馆建筑设计规范（JGJ66—2015）》中 4.1.3 的强制性条文规定，博物馆建筑的藏（展）品出入口、观众出入口、员工出入口应分开设置。可见，博物馆的展厅应该是相对独立的空间。陈列展览区的平面组合应满足陈列内容的系统性、顺序性和观众选择性参观的需要；观众流线的组织应避免重复、交叉、缺漏；除小型馆外，临时展厅应能独立开放、布展、撤展；当个别展厅封闭维护或布展调整时，其他展厅应能正常开放。

《博物馆建筑设计规范（JGJ66—2015）》中还对展厅的平面设计提出要求：分间及面积应满足陈列内容（或展项）完整性、展品布置及展线长度的要求，并应满足展陈设计适度调整的需要；应满足观众观展、通行、休息和抄录、临摹的需要。其中还对展厅的柱距、净高都做了明确要求。建筑与展览的关系，即形式与功能的辨析。19 世纪，美国芝加哥学派的中坚人物路易斯·沙利文（Louis Sullivan）首次提出了著名的"形式追随功能"的思想，简而言之，就是说一个建筑的形态、外观应该真实地反映建筑功能，而不需要冗余的装饰，设计应主要追求功能，而使建筑的表现形式随功能而改变。这恰当地说明了博物馆建筑与展览的关系。

博物馆的建筑与陈列展览的关系有以下几种不同的情况：

对于新建博物馆而言，从博物馆建设流程看，一般是博物馆建筑设计和施工在先，完成交付于博物馆后，博物馆再着手进行陈列展览设计。如果是这样的情况，那陈列展览的内容策划和形式设计就只能迁就博物馆的建筑空间。当然，随着博物馆建设工程项目越来越多，操作上也愈发合理规范。现在博物馆业主方一般都会提供《博物馆建筑设计任务书》给建筑设计单位，提出具体要求。关于展厅的要求，最理想的状况是先有博物馆陈列展览脚本，然后根据具体的展示要求提出详细的展厅计划，可能局部需要净高较高，局部需要一个大面积没有网柱的空间等。《博物馆建筑设计任务书》在博物馆项目建设环节占有举足轻重的地位，它作为建筑设计过程中的主要依据，一方面显示出设计深度，即博物馆业主方对工程项目设计提出的要求，最终成果要达到满足需求的设计理念；另一方面又展示出规划报建必须达到的基本条件。

而改扩建的博物馆建筑又有不同。改建往往是将文物古建、工业遗产等原有空间改做博物馆建筑空间使用，这样的改建往往要保留原有建筑的整体风貌与结构，所以不能大刀阔斧改造，有时这样的空间会对随后的陈列展览造成一定的影响。而扩建往往是博物馆意识到现有建筑面积过小，不能满足博物馆使用要求而对面积增加扩建，这种情况往往会全面考虑，把原有建筑的使用弊端在扩建时尽量避免。对于临时展览而言，其基本上是在现有的临时展厅中完成，面积、层高、柱距都是确定的且不能变更，因此没有太多选择，展览的内容策划和形式设计只能适应现有的临时展厅空间，有时可能还要作出让步和牺牲。

2. 思想

博物馆陈列展览是博物馆展览人员与观众沟通的桥梁，通过这个媒介，展览人员把意欲传达的思想向观众进行有效的传播。从设计的定义也可以看出，设就是设想，就是策展人员的思想。陈列展览传播的思想必须做到以下两点：

一是要传播的思想必须深入浅出。传播的基础就是通俗易懂，没有这个基础，再好的思想对于观众来说都毫无意义。因为一切思想必须是要交流的。没有交流就谈不上思想。没有交流的思想就是个人的空想。如果一个陈列展览不能够引起观众的共鸣，对观众产生影响，那这样的陈列展览也是没有高度和意义的。

二是要传播的思想必须切实可行。如果策展人员的思想天马行空，却因空间局限或技术手段不成熟而不能够落地实现，那再有创意的思想也只能停留在想象阶段了。

3. 展品

谈到博物馆的展品，人们容易联想到那些放在展柜里的文物或标本。其实，所有在陈列中发挥着传媒作用的物品均属展品范畴，不管它是否由藏品转化而来，都是陈列展览的展品（传播媒介）。当代博物馆的展厅已不再是那种纯粹收藏形态的罗列，除了由藏品转

化而来的文物标本展品外，还有很多其他一些不具备收藏价值的物品在同时发挥着传播媒介的作用，如说明牌、图文展板、照片、模型、多媒体等，这些后于陈列设计而产生的信息展品基本上没有永久收藏和科学研究的价值，只具有单一的信息传播功能。我国博物馆界通常称这类展品为"辅助展品"，所谓"辅助"只可理解为辅助人们理解主题思想之意，并不意味着它们所占的展出空间、体积尺寸、传递含义的重要程度等比实物真品低一等。随着博物馆陈列展览从"器物定位型"向"信息定位型"的转变，信息展品的开发利用问题变得越来越重要，在许多场合，它们往往扮演着主要角色，可称"信息展品"。从研究角度看，"实物真品"可称第一手资料，"信息展品"可称第二手资料。

无论如何，博物馆陈列展览是一个有机的系统，各种展品都必不可少，各类展品都分别具有各自的价值和作用。根据这种观点，可将展品分为以下几类：

（1）实物。通俗地讲，就是观众口中所谓的"真品"。在种类上分为植物、动物、矿物、金属等，是由单独加工或复合加工而成的。在来源方面可分为收购、考古发掘、地面采集、借入、捐赠、寄存、交换、移交等。实物真品一般都具有永久性收藏价值，因而在展出时首先必须考虑相应的展品保护措施，使用展柜等各种手段的目的在于防止自然因素（灰尘、紫外线、温度、湿度等）或人为因素（触摸、碰撞、偷盗等）致伤展品，这成为实物展出的附加条件。但也要知道，这种防护措施并非出于陈列展览信息传播功能的需要，它们往往会成为影响传播质量的制约因素。例如，英国自然史博物馆"人类在进化史中的位置"陈列中，有一件古人类头盖骨展品，其背面有一颗牙齿是信息要点，应该展示给观众看，但因其珍贵性不得不置于玻璃柜中展出，这样一来，观众又难以看清牙齿。设计者采用制作复制品放在柜外供观众触摸的辅助措施，使展品保护与信息传播的目的达到统一。同时，也有实物展出不采取隔离措施的。

另外，按实物展品的原始功能划分为美术作品和科技性展品，这对陈列展览工作而言是很有意义的，因为这一区别制约着陈列展览表现手法的不同构思方向，美术作品是可以同观众直接产生交流对话的，而科技性展品却因形态外观不能直接传达内涵意义，因此在传播上有着明显的局限性。所以，在美术陈列展览中，实物真品既是手段又是目的；在科技陈列中，实物真品应更多地被视为一种手段，期待它们发挥的重要作用是"物证"，使观众确信观念性陈列主题思想的真实性和可靠性，而不应指望实物真品能如美术作品那样单凭自身就能产生视觉语言。

（2）复制品。复制品是忠实再现客观事物的二维或三维辅助品。在陈列展览中使用复制品主要有以下几种原因：

一是有些实物是收集不到的，但可能有相关的照片、图纸、文献记载留传下来，根据这种间接信息材料复制出来的东西，可以充当辅助展品。例如，文献记载东汉科学家张衡

曾发明了世界上第一台测定地震方向的地动仪，其灵敏度相当高，并曾成功测定了公元133年在陇西发生过的一次地震。博物馆根据文献对型制和原理的记载，做成地动仪复制品并放在通史陈列中展出，形象地展现了祖先的高度智慧。再如，记里鼓车大约出现于东汉末年或三国时期，是一种能够自动播报行驶里程的车型机械装置。中国古代的记里鼓车，堪称现代里程表和减速器的祖先，是中国古代机械史上的伟大成就之一。1937年，王振铎先生对记里鼓车进行了复原，他制造的模型机械部分依据《宋史·舆服志》的记载，而外形则参考了东汉孝堂山画像石中的鼓车形象。为了让观众形象地看到这一消失的古代伟大发明，中国科学技术馆展出了记里鼓车的复制品。

二是一些文物等级较高，质地又对展出环境相对敏感，出于文物保护的原因，有些实物不宜公开展出或较长时间展出，则复制品就可代为发挥作用。例如，2002年国家文物局发布了《文物出国（境）展览管理规定》，河北省博物院的金缕玉衣和长信宫灯都在其中，这些文物极其珍贵，展出的温湿度变化等都会对文物造成一定损坏，为了减少安全隐患，更好地保护文物，河北省博物院"大汉绝唱——满城汉墓"陈列展经常以复制品代替原物展出。或者是一些不可移动文物，无法搬迁到博物馆展厅来，经常也会采用复制品，如南京市博物馆（朝天宫）展出的辟邪。

三是出于传递特殊信息的要求而使用复制品。如在地质标本陈列中，有时想要向观众传递岩石标本重量的信息，这用形态是难以传达的，与其在说明牌上标写重量，不如制作相同重量的复制品放在柜外供观众亲手掂量。2016年，首都博物馆举办"王后·母亲·女将——纪念殷墟妇好墓考古发掘四十周年特展"，为了让观众感受青铜器的重量，根据实物制作的复制品放置于台子上，观众可以用手拿起来感受重量。由此看来，复制品虽然在研究者眼中没有什么价值，充其量是一种二手资料，但用在陈列展览传播中却有一些独到的长处，这一点往往为人们所忽视。

四是欲展出的实物并非本馆藏品，但在陈列展览中又占据重要地位，由于国别地域的原因不能借展，或即便短期借展，到期也要归还，所以只能通过复制品展出。这个情况在我国的博物馆中经常出现，省级博物馆的很多重要文物在1959年后都划拨给了中国国家博物馆，而很多地市、县的重要考古发现出土的实物也在省考古所或省博物馆中，目前的情况下很难调拨文物，所以地方博物馆在制作陈列展览时只能采用复制品的方式展出。如1982年，江苏盱眙南窑庄西汉窖藏出土金兽一件，呈豹形，蜷伏状，豹头枕伏于前腿之上，颈部戴三轮项圈，头顶有一环纽，通体锤饰圆形斑纹，这种制造办法至今仍为孤例。这个金兽是中国古代金银器中的重中之重，现藏于南京博物院，也是南京博物院的镇院之宝之一。淮安市博物馆在基本陈列中要展示淮安西汉时期的历史文化，这么重要的文物不可避免地要利用，并且是重中之重，然而调拨原物回来几乎不可能，因此只能展出复制品

来弥补这一缺憾。

除上述原因外,在实际展览中,还有特殊情况需要使用复制品。诸如雕塑、石刻等原物重量太大,展厅地板承重有限,从安全角度考虑,往往也会使用复制品代替原物展出。

在陈列展览中利用复制品时,至少有两个问题需要考虑:首先是科学性、准确性问题。若想使观众获得正确认识,那么复制品要在多大程度上与实物相近呢?作为信息展品,复制品主要是为了传播知识信息而制作的,那么制作时就要按欲传信息内容排列出准确性程度的主次关系,不必一切要素都以原物为准。例如,博物馆展出的墓葬棺椁的复制品所要传达的信息内容主要是外观的形制、尺寸以及纹饰图案,那么复制品在这些方面应力求精确,而观众看不到或看不清的地方,如棺木材料,则不必仿真,否则就是无效的高额投资,且不便于陈列工作中必不可少的频繁移位。其次是需要考虑展出方式的问题。用复制品展出,应避免给人分不清真假的印象,且应该在说明牌上注明复制品字样。将复制品放在伸手不可及的展台,上或用玻璃隔起来展出,有时欠妥。因此,在展厅中经常会听到观众询问展柜中物品的真假,只要观众能理解不能展出实物的原因,是能够接受复制品的,但要注明,博物馆不能存心以假乱真,误导观众。

(3)模型。当陈列展览所需的展品属于无法获取真品的事物(如太阳系星座结构、地球内部结构等),或者实物体积过于庞大或过于微小时,即可用模型进行三维显示。模型犹如立体的图解,制作比例可以是原大的,也可以是放大或缩小的;根据陈列需要,有的是模仿真品外形,有的则脱离原物外形,只要使观众理解模型本身所负载的信息即可,因而在表现形态上富有很大的可塑性。模仿真品外形的,包括地形模型、建筑模型、民宅模型、古建筑模型、古生物模型、小动物的放大模型、船舶模型、汽车模型、飞机模型等。脱离原物外形的包括系统模型(如原子核、遗传因子、天体运行、结晶)和剖面模型(如古塔、墓葬、房屋、造像、楼阁、蒸汽机车、汽车、船舶、高炉、原子炉、坑道、隧道、地球、火山、人体、动物)等。模型的优点在于能够强调特征,显示内在相互关系或空间相互关系,以及显示质感和形态信息,将一些日常生活中见不到的现象呈现给观众,它既有形象成分,又有抽象成分,使观众一目了然。例如,体积太大观众不可能看到的地球模型、平时无法看到的动物骨骼模型、普通人肉眼无法看到的分子结构模型、建筑缩比再现某个民族聚落的模型、不可移动文物的微缩模型等,都有独到的长处。

(4)照片。那些体积过大或过小的原始资料,即使有也收集不到的东西,过去的事物、遥远地区或海底的事物、宇宙的事物等不可获取物,如果属于静态中也充分具有展示价值的事物,就可通过照片形式加以处理。照片是平面材料中最写实的,其用法颇能随机应变,与模型相比所需费用也不多,且比其他手法更接近事物原貌。将其应用于陈列展览时,从一件事物到整体环境,无论什么东西都能显示出来。尤其在显示三维姿态和说服力

（照片不夸张）方面颇具特色。照片与实物一样，不用中间媒介即能传递事实，并且容易使观众理解实际状态。如安阳殷墟妇好墓出土的三联甗底部有镂空，展示文物时并没有将底部呈现给观众，在后边的照片中，特意将中间的甗的底部露出，让观众一目了然。

但根据国外学者的研究，照片也有一定的局限性，在利用照片时，须注意几个问题：一是照片会同时传递欲传信息以外的信息（如房间里站着人的照片，与欲传信息无关的各种事物也会显示出来）。二是照片不能传播抽象观念（如照片可以显示出两个人打斗的场面，却无法呈现打斗的原因）。三是照片不能传播大小尺寸的概念，原因是，若不熟悉照片中的对象物，观众就不知其实际大小；即使是平时熟知的对象物（如壶），但若是从不同于日常角度拍摄的，也会给人比实物大或小的印象；由于放大或缩小了画面，不仅尺寸印象容易发生变化，价值尺度印象也容易发生变化。四是照片有时会歪曲真实地传播信息（如青铜容器表面的图案表现，则呈现平面性，歪曲了在曲面上描绘的计算比例关系）。

在使用照片时，应带着以上一些问题充分考虑欲传播的内容，由此决定拍摄和使用方法。除了过去拍摄的而现在没有对象的（如历史照片）情况以外，用于陈列展览的照片，一般应按照陈列设计意图重新拍摄。此外，对于特殊机构和那些不用高技术就无法拍摄的事物（宇宙、海底、X射线、航空等），则只能向有关单位索取提供。当我们既要显示实物的制作方法和使用方法，又要综合显示其背景时，照片可谓最有效的展品。

照片中的人像，容易在人物像之间或与观看者之间产生某种关系，这也要注意，可能发生的问题主要有三点：首先，照片不仅说明本应说明的对象事物，而且能反映拍摄者与被摄者之间处于何种关系。其次，显示自然姿态的人像照片，其中被拍摄体之间的关系是复杂的，观看者依其不同的背景而会进行各种不同的解释。最后，被拍摄者的表情未必反映其真实情感，故而存在使人产生误解的可能性。

从以上事实中可得出两个结论：其一，要充分估计观众会怎样解释，同时输入适当显示尺度的手段，必须把照片内容与观众生活的世界联系起来。其二，要附加明确解释目的的文字说明，不带说明的照片只不过是单纯的图形，不能成为博物馆的展品。一般而言，照片（哪怕是彩色照片）都不如"实物"逼真，因而不要把实物照片与实物本身组合在一起展出，但起实物微观图案放大图解作用的特写照片例外。

（5）图解资料。在陈列展览工作中，除去纯粹让人们阅读的文字资料以外，所有用二维表达形式制作的展品均为图解。可大致分为两类：一类是用绘画手法处理文字和资料的表达手法，多用于辅助陈列；另一类是以自身力量达到传播目的的表达手法（如国际图形语言系统图表），多用于导向牌等陈列环境提示。

图解不如照片写实，但它能传播必须同时掌握和理解的若干概念，尤其图解能够把意欲传播信息的要点通过符号化的形式传递给观众（如从智鼎铭文记述的五名奴隶的价值等

于匹马束丝的概念,以图解形式加以视觉化,使观众一目了然),并能显示出现实世界中不可能发生的(如用图画表现人类演化进程),以及一般情况下不能看清楚的事物信息(如用图画表现人体血液循环现象,青铜器线描图)。从而可以说,图解在帮助传播上发挥着重要作用,它比文字具有更广泛的可读性。

图解是用平面性图形辅助观众进行理解的资料,包括绘画、插图、图表、坐标图等,制作费用不高,对制作者的绘画技能要求也不高,主要问题在于确定合适的抽象程度,恰到好处地表达某种概念。

根据国内外相关工作的经验,在制作和使用图解时有几点注意事项:①过于简化或过于详细的图解描述,都会令人难以理解。②如果想说明阶段性过程或几个活动,最好由多张画组成一组来呈现。③图解和文字说明,与其分别表现或用参照记号联系起来表现,不如一体化组合更有效。④应在认真考虑与文字说明的关系前提下确定图解的展出位置。⑤图解与文字说明应同时设计,以免在内容上相互重叠。

(6) 解说资料。这是通过文字及声音传递的信息。文字设计包括各层主题内容、标签、说明牌、地图和地形沙盘的地名等。此外,展览说明书(导引手册)也有文字设计问题,还需要为外国观众准备多语种解说。

解说文字是陈列的基本构成要素之一,它属于自然语言,其长处至少有三点:①自然语言作为推理形式的符号体系,其内在结构决定了其表达含义的明确和固定,进而决定了它可以表达确切的事物、确切的关系、确切的过程和确切的状态,可以充当交流沟通的媒介,其至成为感觉经验赖以形成的构架。它在解释实物方面具有"穿透力"。②自然语言作为人们日常生活必备的工具,博物馆观众在词语性符号的译码能力方面只存在程度差别问题,但几乎都有这种能力。③自然语言有不同的抽象层次,只要把解说文字在观众能明白的抽象范围内进行,并在此范围内各层次上移动,就能使传播有效。

其作用主要有信息功能(明确表达事物)、说明功能(向观众说明怎样操作互动性展品)、解释功能(讲述事物为何会如此)、说服功能(使观众开动脑筋,从特定角度思考)、娱乐功能(把陈列变为喜闻乐见的事物)。

在撰写解说文字时必须从观众的视角出发。文博同行专家能够充分理解的解说文字,未必就是优秀的解说文字。解说文字应该能够适应知识和阅读能力不均衡的各层次观众的状况,解说文字是否容易接受,会受到观众自身的知识水平和阅读能力的很大制约。

解说文字的撰写要领主要有六条:①要开门见山。注意文字内容不能太多、太长、太复杂,否则会影响观众阅读的耐心。②表达应有建设性,尽量避免用否定语,否则文字难以理解。③书写语气要平易,多使用日常口语,尽量不依靠不必要的专业术语。④不可偏离叙述目标,无关宏旨的细节过多,则会使观众失去继续阅读的耐心。⑤既要摆脱学术表

达形式，又要保证内容的正确性，撰写者应意识到自己是在撰写科学普及性的文字。⑥适当注意文字的趣味性，采用提问形式或在文中加入幽默成分，会使解说文字生动有趣。

(7) 多媒体。多媒体主要包括音频资料、视频资料和其他多媒体手段。

一是音频资料。

这种听觉媒体资料用在陈列展览中，大致可分为解说声响、自然声响及人工声响三大类。其中，解说声响是通过讲话词语来传递意义的，是由信息的生产者或传递者发出的声音；自然声响是由生物的发声或动作（飞、跑、进食、攻击、摩擦等）所产生的，以及风、雨、浪、地鸣、喷火、雷鸣、树断、火焰燃烧等自然现象的声音；人工声响包括语言、歌谣等人声和用乐器奏出的声音和人类动作（打、切、刮削、进食等）所发出的声音，以及火车、电车、汽车、飞机、工厂、汽笛、喷气装置、大炮、战车等机器所发出的声音。

在陈列展览中使用音响媒体，应按照个体服务和群体服务两个目标进行开发制作。个体服务的形式是多样化的，除了出租便携式导览器以外，还可在展品前设置自控收听解说的耳机，或集中在展室一角设置专门的音响资料收听装置等。个体服务形式的装置均应做到可由观众调节控制启闭。群体服务可采用聚音罩、定向音箱的方式实现。定向音箱，也称为定向喇叭、定向扬声器、音频聚光灯、超指向性扬声器，就是利用声学技术，使原本向四面八方发散的声音，能够像聚光灯一样只向一个方向传播，实现"定向传音"。

二是视频资料。

这是综合了音响和画面的电子媒体，包括幻灯、电影和电视。这类媒体十分适于表现那些随时间而变化的动态事物，以及由于现象、地理、历史或展出技术的原因不能用实物展出的东西。通过移动拍摄角度，能够清楚地说明空间关系和立体姿态，也能处理非常大的或非常小的东西。

视频资料在制作上通常要委托给多媒体制作公司，这就存在着脱离陈列传播目的的可能性。陈列展览工作者必须从专家的角度监制影视材料的拍摄制作，起到把关人的作用，甚至要提供影视脚本，多媒体制作公司只是负责效果实现，因此不能完全甩手给多媒体制作公司。制作这类材料是要资金成本的，因而在决策时要慎重一些，只在必要时才考虑使用，绝不能把它当作新兴技术，单纯为增加陈列展览的互动性或高端性而制作影视媒体，重点要放在实现陈列传播目的上，很多情况下，质量差的影视材料还不如高质量的图解更有效。运转经费有保障的长期投入同样重要，应定期保养保证设备长期良好运转。在陈列展览中使用视频资料设备却又不能正常使用，反而会引起观众的反感。

根据国外同行的经验，在使用和制作视频资料的实际工作中要注意一些问题：第一，在明确意欲传播信息内容的同时，还应明确规定目标观众。旁白解说的内容和形式，必须在信息与目标观众之间取得平衡。第二，分析意欲传播信息的目标，分节性地加以体系化，整理成图像操纵台的展出形式，在操纵台上增添解说叙述的设想。第三，内容可以采用提问形式，富于对话性，以使观众注意画面的特定部分，对观众能够自己理解的内容就不用再解说，否则就是浪费时间。第四，为强调部分内容，可使用音乐和音响效果，但不是为了戏剧化或趣味性才使用的。第五，尽量避免节目过长（如 10 分钟以上），观众持续观看影视节目的时间是有限度的。如果按不可自行调节的速度播放，则观众的注意力只能持续一定限度。第六，避免节目过短（如 3 分钟以下），短时间利用影视媒体所能达到的效果是很有限的。第七，关于图像，要确认版权，在利用现成图像材料时，不能忽略这个问题。

4. 设备

在展厅里，设备与空间关系很大，可分三类，一是主要起物理作用的大件设备，包括天花板、地板、展墙展板、展柜、展台、支架等；二是具有传意（心理）作用的设备，包括版面、模型、布景箱、音响和影视幻灯等设备；三是照明装置。

下面讨论展墙展板、展柜、展台、支架等对展示空间影响较大的设备。

第一，展墙展板。与建筑墙壁不同，这是指陈列展览所用的展墙，包括隔间假墙、展柜内各种造型的板壁，还有用于展示平面材料的大型支撑性假墙。展墙造型有平面的、多面的、曲面的、球面的等，表面着色或敷以装贴材料。其主要功能有适当分隔展厅空间，增加展线长度；可用展墙形成适当的参观走线，保持循序参观；可支撑悬挂各种展品和图文展板，起到立面展示的道具作用，便于观赏；统一展览格调，对各种杂乱因素起到一种化零为整的包装作用。随着技术与材料的进步，博物馆越来越多采用活动式设计的展墙和展板，可根据展厅环境与现场进行自主设计或定制，更可通过移动展墙展板进行自由摆放或者自由组合。展墙展板方便布展，使用率高，正反两面均可利用。

第二，展柜。从空间位置看，大致可分为沿墙通柜、独立柜、坡面柜、入墙柜、悬挂柜等。沿墙通柜一般有多种样式，有带有背板样式的，也有两侧透明玻璃的展柜。独立柜也称中心柜，大多为独立式的，适合展示相对重要的展品，有时根据需要也可将若干独立柜拼合使用。坡面柜桌面有一定的倾斜度，从各个角度都可欣赏到展品，适合展示字画等纸质历史文件以及其他片状或扁平形状的物品，或需近距离观赏的小体积类的文物。入墙柜是凹陷进墙里面去的，其凹陷深浅程度依据展柜的实际需要而设定，门的开启方式根据需要选用。悬挂柜通常安装在墙壁上，观众可近距离观赏展示物，适用于展示字画、纺织品、金属货币等扁平形状类型的文物。

另外，根据具体陈列展览的情况，有时需要制作异形柜和多媒体展柜等。博物馆通常使用的展柜为中规中矩的方形展柜，但有时为了美观或特殊传播的需要，会制作使用异形

柜。英国格拉斯哥的动物学博物馆中的昆虫展柜就是模拟昆虫造型制作，让观众一进入展厅就立刻清楚展柜里的展品跟昆虫有关。澳门通讯博物馆为了更多更好地展示邮票，普遍采用抽屉式展柜。多媒体展柜是以展柜为载体，在玻璃上投影多媒体，扩充传播信息，同时在视觉效果上增强展览的趣味性和震撼力。

使用展柜的目的是要达到保存与使用这对矛盾的统一，即在不损伤展品的环境中让观众观看。陈列展厅环境中可能致伤展品的有自然因素，如尘埃、亚硫酸气体、硫化氢、臭氧、二氧化碳、紫外线、温度、湿度等，人为因素主要有故意偷盗和无意地撞击展柜使易碎展品受损，以及因工作人员在施工过程中疏忽碰撞造成的损害。要求展柜设计能满足对上述各种因素的防护功能，其结构自然也就比较复杂。

首先要强调的是展柜的密封性能，达到防尘和阻隔有害气体侵入的目的。在柜内保持小气候相对稳定的措施，也是建立在展柜结构密封基础上的，主要解决柜内恒温恒湿问题，目前主要是在展柜底下的设备层放置恒温恒湿机。

第三，展台、支架。展台是在裸露展出时放置展品的台座，支架是将展品保持在最安全且便于观看的高度上的支撑或固定装置，在展柜里也常采用小型支架。这种设备一般制成规格化的几何形体，优点在于可应付多变的展出要求，而且不用时便于拆开堆放，但缺点是，实际上陈列设计并不受一定规格的制约，所以基本陈列的展台和支架需要根据展品尺寸和造型专门设计和定制，而临时陈列则可采用便于灵活组配的规格化造型。

一般来说，体积较大的展品应使用矮展台，小型的展品（如佛像、陶器等）则适合使用较高的墩柱式展台。有些展台还需要根据展品的特征进行设计定制。有时在静态的展示中追求动态的表现，展台也会设计成可升降等形式，当然这种方式如果运用不好，脱离了展览传播目的，反倒效果不好。为了确保文物在展柜的放置更加美观、安全，需要支架做依托。要根据文物的特点，选择不同类型的支架。通常来说，支架的材料有金属、玻璃、有机玻璃、木等，同时也使用钓鱼线、细软管等辅助材料固定文物。

5. 资金

博物馆是为社会及其发展服务的，不以营利为目的的公益性文化教育机构。如今的博物馆新馆建设动辄建筑面积就上万平方米，一般约有一半的面积为展厅空间，面对社会公众日益增长的对美好生活的需求，以及新时代博物馆被赋予的责任与使命，博物馆的建设与发展以及如此大面积的陈列展览区域的布展势必需要雄厚的资金支撑。

目前，博物馆的资金来源主要有财政拨款、自身经营创收、社会捐助等途径。其中，财政拨款是大多数博物馆资金来源的主要渠道，成为博物馆运营的基础；自身经营创收（如文创产品的经营销售收入、教育活动收入、场地出租收入等）效益有限，且在目前探索文创途径的环境下一时很难有大的收益；虽然社会捐助对博物馆事业的赞助日益增加，但这毕竟不是长久之计。因此，目前无论是中央补助还是地方财政拨款，博物馆的建设往往都还是由政府买单。但近些年博物馆事业迅速发展、数量剧增，再加上2008年开始实施的博物馆免费开放，中央及地方政府的公共财政资金压力越来越大，传统的博物馆资金模式已经满足不了当下博物馆建设运营的新需求，博物馆的建设及可持续发展势必需要寻求更加多元化的资金渠道。PPP（public-private partnership），又称PPP模式，即政府和社会资本合作，是公共基础设施中的一种项目运作模式。在该模式下，鼓励私营企业、民营资本与政府进行合作，参与公共基础设施的建设。PPP模式作为一种新兴的融资模式，其实质是政府通过给予私营企业一定期限的特许经营权和收益权，将市场竞争机制引入公共基础设施建设，以达到更有效地向公众提供公共服务的目的。这一模式将由参与者双方共同承担责任和融资风险，同时满足各方的利益需求。一方面，政府解决资金问题，能够降低运营成本，提高运营效率；另一方面，企业也能够从中获得一定收益。

6. 时间

近些年，中国的博物馆建设如火如荼，数量剧增，大多往往都是赶时间的工程。一些展览都选定五一、十一、元旦等节假日或"国际博物馆日""文化遗产日"等行业的节日开馆，因此，留给陈列展览策划、设计、施工的时间为几个月到一两年，但总体来说，陈列展览的实施周期时间不长。一个好的陈列展览并非一蹴而就，肯定是经过周密的策划、详细的论证、充分的研究等过程，即便是临时展览，也是经过认真策划筹备的。

三、博物馆陈列展览的依据和条件

筹建一个博物馆陈列展览，固然需要多方面的条件保障，包括建设资金、展示空间、内容设计、形式设计与制作等，但最根本的条件是展览的学术研究成果和展品形象资料支撑。学术研究成果和展品形象资料是博物馆展览策划设计的基础，直接影响着展览的质量和水准。

（一）博物馆展览策划设计的学术依据

展览内容文本是博物馆展览形式设计的蓝本，要保证博物馆展览的水平，首先必须做好展览内容文本的策划和撰写工作。而要做好博物馆展览内容文本的策划和撰写工作，固然取决于展览内容文本策展人的水平和经验，但更重要的是要取决于展览筹建方（以下简称"甲方"）为展览内容文本的策展人所提供的条件是否充分。如果甲方不能为策展人提供必要的、充分的条件，那么，即便是最高明的策展人，也难以策划出一个理想的展览内容文本来。因此，对甲方来说，在委托策展人策划展览内容文本之前，应明白自己应该提早为展览内容文本策划准备什么，并提供完备的展览内容文本策划条件是一件很重要的工作。

根据博物馆展览内容文本策划的规律，结合近年来博物馆展览内容文本策划的实际，本书认为，甲方应该为策展人提供如下条件（以历史文化类主题性展览为例）：一是有关展览主题和内容的完整的学术研究资料；二是有关展览主题和内容的较完整的实物展品资料；三是展览内容文本策划的时间保障。

1. 有关展览主题和内容的权威的学术研究资料

学术研究资料包括与展览主题有关的学说理论、研究成果、历史文献资料、档案资料、口碑和调查资料以及其他故事情节材料等。这不仅是博物馆展览的学术基础，也是展览内容文本策划的重要学术条件。学术研究资料对博物馆展览之所以重要，是因为以下几点：

第一，博物馆展览不同于商业展览。它是文化知识传播的媒体，旨在向观众传播文化、知识、艺术、观念和思想。因此，它所反映的内容都必须建立在客观、真实的学术研究的基础上。

第二，博物馆展览中提出或反映的概念、观点、思想以及展览主题的提炼都是建立在学术研究资料基础上的。学术研究资料能起到深化和揭示展览主题的重要作用。如果没有学术研究资料作为支撑，那么展览中的概念、观点、思想就成为无源之水、无本之木，展览的主题就难以提炼和深化。

第三，学术研究资料也是展览辅助展品创作的依据。展览固然是以实物为主角的，但仅靠实物是不够的。因为一方面展览所需的实物展品往往缺少，另一方面实物展品常常有局限性，外在表现力不强，往往不能与观众充分对话。因此，需要依据学术研究资料来制作科学的或艺术的辅助展品。

可见，学术研究资料对博物馆展览内容文本策划十分重要。但是，在现实的博物馆展览筹建中，经常出现的情况是：甲方并没有充分认识到学术研究资料的重要性，在这方面的准备严重不足，或没有进行学术研究资料积累，或没有对学术研究资料进行系统梳理。不少行业博物馆在筹建之时，其学术研究资料的储备几乎是零，例如上海中国航海博物馆、杭州中国湿地博物馆。

为了做好博物馆展览内容文本的策划，在委托策展人策划展览内容文本之前，甲方应该组织专门的班子，收集、整理好一套完备的与展览主题和内容有关的学术研究资料。

2. 有关展览主题和内容的较完整的实物展品资料

实物展品包括文物标本和史迹及其声像资料和图片资料。它不单单是文物标本和史迹资料的简单汇编，还应该整理分类，并研究清楚每件文物标本和每处史迹的时代背景和文化或自然意义等。

博物馆展览信息的传播主要依靠实物媒介来进行，靠实物"说话"，通过实物揭示事物的本质，体现展览的主题思想，实物是展览的"主角"。因此，实物展品资料不仅是博物馆展览的物质基础，也是展览内容文本策划的重要依据。

实物展品的丰富程度和质量高低直接影响到展览传播的效果和质量。一般来说，实物展品越丰富就越有挑选的空间。某个展览展出的实物展品需100件，那么至少应该有150件的展品可供挑选，当然多多益善。这样，就能从丰富的实物展品中选出更多的最能揭示主题、最具典型性、最有外在表现力的实物做展品，就能更好地实现展览传播的目的。

但是在现实博物馆展览筹备中，甲方往往不重视实物展品的收集、储备、整理和研究工作，甚至认识不到实物展品的重要性，经常出现的情况是：甲方要么实物展品的储备严重不足，甚至一个展览中根本拿不出几件真正可用的实物展品；要么对所提供的实物展品的背景和文化意义不清楚，这样的状况严重影响了展览内容文本的策划，影响了展览的质量。为了不影响展览内容文本的策划，不影响展览的质量，甲方应该在展览筹备之前投入必要的人力、物力和财力，加强实物展品的收集、储备、整理和研究工作。

3. 展览内容文本策划的时间保障

即便具备了展览内容文本策划的全套学术研究资料和完备的实物展品资料，对展览内容文本策展人来讲，整个展览内容文本策划的过程也是一个不断推敲、对话、修改和完善的过程。好的展览内容文本（剧本）是磨出来的，而不是写出来的。我们常常不能给剧本创作以充足的投资和时间而草草开拍，以致造成无尽的遗憾。

展览内容文本策划不同于展览的形式设计。展览的形式设计相对比较单一，只要根据展览内容文本思考展览的表现形式即可。而展览内容文本策划是一项比较复杂的学术研究活动、一项文化创意作业。策展人不仅要熟悉和研究实物展品资料，要充分掌握学术研究资料，还要结合展览主题和内容思考社会问题、思想问题和教育问题，研究展览传播的目的和使命，研究展览传播的对象。此外，还要研究博物馆展览的信息安排和传播问题，研究展览表述的基本方法和手段。在此基础上，撰写出一个类似电影剧本的可供展览形式设计和布展的分镜头脚本。

可见，展览内容文本策划是一项集学术研究、文化创意和展览技术于一身的复杂智力作业，需要花费较大的时间和精力，并非一朝一夕能轻易完成。国外比较成功的一个中型展览的内容文本策划至少要花费几年甚至更长的时间，如日本的琵琶湖博物馆。在我国，就一个中型展览的内容文本策划来说，比较合理的时间至少应该在一年。但是，在我国博物馆展览筹备的现实中，普遍的情况是：甲方在展览筹备前期往往不抓紧展览内容文本的策划，直到展览工程要开始了才想起请策展人策划展览内容文本。因此，留给文本策展人的时间往往严重不足，多则半年，少则几个月。由于没有充裕的时间保障，所以展览内容文本质量常常得不到保证。为了保证展览内容文本的质量，甲方在展览筹备之初，就应该

委托策展人策划展览内容文本。

（二）加强地方博物馆展览学术支撑体系建设

为了做好博物馆的展览，保证博物馆建设的成功，任何博物馆在新馆及其展览建设之前，必须加强对展览学术支撑体系的建设，为博物馆展览的建设奠定坚实的学术基础。以我国地方博物馆来说，学术支撑不足是各个地方博物馆的通病。因此，要做好地方博物馆展览，首先必须加强学术支撑体系建设。

1. 地方博物馆的收藏和展示特点

众所周知，地方博物馆的收藏和展示与国家级和省级博物馆是不同的。地方博物馆是展示一个相对独立的文化地理单元的独特的自然、历史、经济、文化和风土人情的重要平台，是人们了解一方自然、历史、经济、文化和民俗风情的窗口。其常设展览主要反映自古以来这片土地上人们的生活环境以及面对生存环境而产生的生存智慧，即反映人们的生产、生活及其文化创造。因此，地方博物馆要有别于国家级和省级博物馆，要重点做好地域自然和文化资源的挖掘研究工作。这包括：自然的，如矿产资源、动植物资源、自然遗产、物产、生态资源等；历史的，如地方历史沿革、政治变革、历史事件、历史人物等；经济的，如地方农业、水利、手工业、生产活动、商品经济等；文化教育的，如宗教、民间文化、民间艺术、民间文学、工艺、戏曲、教育等；风土人情的，如饮食、丧葬、节庆、时令、信仰、服饰、游艺等。博物馆工作者不仅要对这些领域的资料进行系统的收集、梳理工作，还要对其进行全面系统的研究，弄清其发展概况、文化内涵、个性和特点等。

2. 地域自然和历史文化资源的挖掘原则

地方博物馆在挖掘地域自然和历史文化资源方面，特别需要把握以下几个原则：

一是"地域性"原则。地方博物馆展览主题和内容要突出地域性，要反映具有浓郁地方特点的自然和历史文化，要讲述富有个性的地方自然和历史文化故事。而且，越有地域个性和差异性的东西，往往越能吸引观众，越有展示价值。因此，地方博物馆必须紧扣"地域性"挖掘本地的地域自然和历史文化资源。

二是"优势性"原则。每个地方在长期的社会历史发展过程中，不论是自然环境、历史文化，还是社会经济发展都有自己的优势。地方博物馆展览不可能也没必要面面俱到地反映地方自然环境和历史文化，重要的是要把地方自然环境、历史文化和社会经济发展中最有优势，或最有影响的，或观众可能感兴趣的东西传达给观众。

三是"文化多样性"原则。在全球化趋势不断强化的背景下，保护文化多样性越来越成为全世界关注的重点。因此，保护和弘扬文化多样性，不仅是地方博物馆工作的新领域,更是地方博物馆义不容辞的使命。

四是"重视非物质文化遗产"原则。非物质文化遗产作为传统文化的重要载体,是各地人民智慧的结晶和创造力的体现,具有重要的文化价值、精神价值、教育价值和审美价值。保护和展示传承优秀文化传统和民,有益于弘扬传承优秀文化传统和民族精神,促进中华民族共有精神家园的建设。传承优秀文化传统和民往往具有很强的地域性,我国各地丰富多样的传承优秀文化传统和民无疑应该是地方博物馆重点保护和展示的内容。地方博物馆是反映地域环境资源、历史文化、经济社会发展和风土人情的窗口,这种功能定位决定了其收藏和展览不能简单模仿国家级或省级博物馆文物艺术品的收藏和展览模式,而要强调地域自然和历史文化,突出地域自然和历史文化的特点和优势。

3. 地方博物馆藏品科学体系的构建要点

地方博物馆在藏品科学体系构建上,应特别重视以下几个方面:

第一,重视反映地域自然和历史文化的藏品及形象资料的收集。要改变只有陶瓷、铜器、钱币、玉器、字画等才是博物馆藏品的错误认识,要从自己的地域文化出发,从多元文化的角度收集反映有关地域自然和历史文化的藏品及形象资料。我国土地幅员辽阔,各地地域文化不仅都有自己的个性,而且丰富多样。除了考古文物和传世文物外,其他关于本地的历史事件、历史人物、传统经济、生活方式、科教文化、风土民俗、宗教活动、民间艺术等的藏品形象资料都在地方博物馆收藏的范围,如各种反映地域自然和历史文化的生产工具、生活用具、商品、民间工艺品、宗教物品、方志、宗谱、族谱、碑文、题词、匾额、楹联、诗词、歌赋、书画、民谣、手稿等都应该是地方博物馆收集的对象。

第二,重视象资料的收集要改变过及形象资料的收集。要改变过去只有"物"才是博物馆藏品的狭隘认识,把象资料的收集要改变过纳入博物馆收藏的范围中来。因此,要重视收藏具有地方特色和文化多样性的口头记忆、表演艺术、民俗节令、庆典仪礼、传统手艺等,收藏与当地人传统生活形态、方式、技艺、技能等密切相关的非物质性资料。这些象资料的收集要改变过既有"有形"的物质载体,又有"无形"的传承载体。因此,不仅要收藏其物质载体,如工具、制品、服装、乐器、道具、稿本、剧本、曲谱、插图、文献、祭品、祭文、庆典场所等,也要通过新的技术手段和方式收集其"无形"的内容,如影音资料、文字记述、创作构思、操作手法、表达方式、记诵方法、传授模式、行业规矩、信仰禁忌等。

第三,重视近现代文物资料的收集。近现代历史是我国历史重要的组成部分,近150多年是我国历史发生巨大变革的时代,特别是改革开放以来,中国社会发生了翻天覆地的变化,这150多年将在中国历史上占有极其重要的地位。在这种大变革的背景下,我国各地过去曾经几百年、上千年保持相对稳定的地方传统生产方式和生活方式都发生了重大改

变，如生产技术、生活用具、建筑住宅、服饰穿戴、风俗习惯、文化艺术等。记录、保存和展示这些反映各地生产方式和生活方式变化的历史资料是地方博物馆义不容辞的责任。因此，地方博物馆要改变只有古代文物才是博物馆藏品的错误认识，重视反映近现代地方历史发展和社会变化的文物资料的收集。

第四，重视藏品的背景或环境资料的收集。博物馆收藏的终极目的是满足科学研究特别是展览教育的需要。为了更好地服务于展览教育普及的需要，博物馆的收藏必须完整科学，即不能只收藏实物本身，还应该包括相关的背景和环境资料，科学的博物馆藏品概念应该是"实物+背景资料"。举一个能说明问题的例子，如蝴蝶标本的收藏，不仅要收集蝴蝶的成虫，而且要包括蛹、幼虫和卵三个生命阶段，还要收集蝴蝶的生态环境质量和活动影像资料，这样才能展示蝴蝶生命的全过程，才能向观众展示真实、科学和生动的有关蝴蝶的信息。其他博物馆藏品的收藏也是如此。总之，只有收藏完整科学的藏品资料，博物馆展览才能全面、系统地反映事物发展的客观过程，才能传递给观众完整、真实的信息和知识，因此，为了做好地方博物馆的展览，地方博物馆收藏要改变只收藏实物本身而忽视相关背景和环境资料的简单做法。

第五，重视藏品的历史信息和文化内涵的揭示研究。我国地方博物馆藏品研究往往侧重于从器物学和考证学的角度对藏品的时代、尺寸、类别等做简单的描述，而对藏品背后的历史信息、文化内涵等的揭示研究严重不足。这种状况严重制约了藏品作为展览信息传播媒介的作用。众所周知，博物馆的收藏主要是为了满足展示传播的需要，作为展示意义上的藏品，它是一种信息传播媒介。要使博物馆藏品真正成为展览的信息传播媒介，必须对藏品蕴含的历史信息和文化内涵进行揭示和阐释，这样才能发挥其作为展览信息传播媒介的作用。因此，地方博物馆要改变仅仅从器物学和考证学的角度研究藏品的简单做法，加强对藏品的历史信息和文化内涵的揭示研究。这样方能发挥藏品作为展览媒介和特殊语言的作用，达到藏品形象反映展览的主题和内容的目的。

第二节　博物馆陈列展览的策划与实施

一、博物馆陈列展览的策划

（一）展览内容与展览选题

1. 博物馆展览内容策划

展览内容策划是博物馆展览策划设计的核心环节。要学会博物馆展览内容策划，必须了解陈列大纲与展览内容文本的区别，并熟悉展览内容策划的一般流程及其任务。这是学会博物馆展览内容策划的重要前提。

（1）博物馆展览内容策划的重要作用

博物馆是一个通过举办展览向观众传播科学文化知识的机构，因此，陈列展览是博物馆的一项十分重要的工作。只有推出既具有思想性、科学性、知识性，又具有艺术感染力的精品展览，博物馆才能在传播科学文化知识、丰富民众精神文化生活和促进文化交流方面真正发挥重要的作用。

自1998年国家文物局实施第一届"全国博物馆十大精品陈列"评选以来，全国博物馆积极举办陈列展览，努力创新展示教育的内容、形式和手段，并取得了长足的进步。一是展览数量增长快；二是陈列展览题材和内容更加丰富多彩，展览内容的学术和文化含量有了明显提高；三是展示手段和表现形式日趋多样，舞美、声光电和新媒体等新技术、新工艺、新材料得到普遍应用，展览的科技含量和艺术感染力都有较大提高。四是精品陈列展览开始增多。博物馆正日渐成为传播先进文化、普及科学知识、弘扬社会正气和塑造美好心灵的重要课堂。

博物馆展览内容文本的策划是一项集成学术、文化、思想与技术的作业，是一项复杂的智力劳动。博物馆展览策划人才应该是通才，他们不仅要熟悉与展览主题和内容有关的各种专业知识，研究和思考学术和文化，同时也要懂得教育学、传播学、认知学、心理学和美学，还要关注社会、现实、民生和观众。博物馆展览内容策划也是一项文化创意活动，策展人要有开放的思想和意识，要有较高的博物馆学修养和人文涵养，要有生活常识和阅历，要有宽广的视野和丰富的文化想象力，并善于把握观众的需求，善于从平凡、常见或普通的素材中发掘出令观众感兴趣的内容和话题，找到富有新意的切入点。博物馆展览内容策划也是一项技能作业。展览内容文本策展人不仅要熟悉博物馆展览信息传播的规律，而且要懂得展览形式设计等"形而上"的知识，还要熟悉博物馆展览表述的基本方法和手段。

综上所述，展览内容文本是博物馆展览的基础，而要做好展览内容文本，必须重视展览内容文本的策划设计工作：一要做好展览内容文本策划设计的学术基础准备工作；二要选准擅长博物馆展览内容文本策划的专家；三要保障展览内容文本策划的时间；四要在展览内容文本策划上投入合理的资金。

（2）陈列大纲与展览内容文本不同

在各地新馆建设或展览筹建的会议上，常常听到一些博物馆界同行用"陈列大纲"来称呼博物馆展览内容文本（展览内容设计方案）。其实，这是一种不正确的认识。将博物馆展览的陈列大纲等同于展览内容文本，并以此为展览蓝本让专业展览公司进行形式设计

和制作布展，是我国博物馆展览筹建工程管理中存在的一个严重误区。

陈列大纲仅仅是展览内容的大纲或基本构架，即陈列的纲目，它不等于展览的内容文本。常见的陈列大纲内容仅仅包括展览的主题（前言）、结构框架、基本内容及其主要陈列品等，类似于一本著作的篇章结构。常见的陈列大纲大致有两类——文字型和图表型。

展览内容文本，特别是叙事型主题展览的内容文本，作为展览形式设计和制作的蓝本，应该是一个详细的展览内容文本。它至少要包括：展览的前言、序厅的规划、展览主题的提炼、展览内容的三级主题结构（故事线）、各部分和单元的传播目的设定、各部分（单元、组合、小组）及展品展项的说明文字设计、各部分或单元的重点和亮点提示、展品组合说明、辅助展品的设计要求及其创作依据等。

总之，展览内容文本作为展览形式设计和制作的蓝本，一定要操作性强，便于形式设计和制作布展，不能仅仅是一个简单的文字说明加陈列品清单罗列，而应该类似于电影的文学剧本、导演剧本和分镜头剧本。虽然在我国各地博物馆展览筹建中，展览内容文本的策划和设计往往被忽视，但它却是一个展览成败的关键，因此，值得展览建设方高度重视。

（3）博物馆展览内容文本策划的一般流程

如果将博物馆展览设计、布展工作与电影制作进行比较的话，那么，博物馆的展厅就像是表演的舞台，展览内容文本就如电影的剧本，形式设计和布展就好比是导演，展品就如同演员。在电影制作中，电影剧本的重要作用是不言而喻的；同样，在博物馆展览布展工作中，展览内容文本的作用也是举足轻重的。

按照博物馆展览的设计和制作流程，首先由展览内容策展人创作展览内容文本，再由专业形式设计师根据展览内容文本进行二度创作。展览内容文本是博物馆展览形式设计的前提和依据，展览成功与否首先取决于展览内容文本的水准。只有首先具备一个好的展览内容文本，形式设计和制作师才有可能制造出一个优秀的博物馆展览。

所谓展览内容文本策划，是指策展团队遵循博物馆展览的表现规律和方法，依据博物馆展品形象资料和学术研究成果所进行的研究、策划展览内容文本的过程。博物馆展览内容文本策划是一项集学术、文化、思想、创意和技术于一身的作业。只有具有思想知识内涵、文化学术概念并符合当代人审美情趣的展览策划，才是成功的博物馆展览策划。

以往，我国博物馆界往往不重视展览内容文本策划。近年来，在各地举办博物馆展览的实践中，博物馆界有识之士愈来愈认识到展览内容文本的重要性。

怎样做好博物馆展览内容文本的策划？博物馆展览内容文本策划有其内在的规律。笔者结合近年来从事博物馆展览内容文本策划的经验和思考，以叙事类历史展览内容文本策划为例，一般来说，其策划作业的基本流程为：

展览选题研究→实物展品研究→阅读与展览主题相关的所有学术资料→确立展览传播目的→提炼展览的总主题→确定展览的基本内容→规划展览的基本结构→安排展览的结构层次→凝练展览的分主题→研究展览每部分或单元内容的重点和亮点→选择和安排展览的素材→研究展品组合和组团→编写展览的文字大纲→提示展览的表述方式→"说戏",即与形式设计师对话。

其他叙事型展览,例如人物类展览、科技类展览、自然历史类展览等,其展览内容文本策划作业的流程也基本如此。

2. 展览选题及其学术支撑体系

所有的展览都由选题而来,策划一个博物馆展览,首先要对展览选题进行思考和评估,确定该选题对观众是否有意义;其次要思考是否有足够的学术支撑——展品形象资料以及学术研究资料。

(1) 选题研究

选题研究是指根据本地或本行业历史文化的特点或优势,以观众需求调查为前提,拟定出最能反映本地或本行业历史文化特点、最受观众欢迎的展览选题。成功的展览选题往往是有新意和创意并符合观众兴趣的选题。

好的选题是博物馆展览成功的关键因素。为了形成一个好的选题,在筹备一个展览前,博物馆必须对展览选题进行认真的评估。展览选题评估主要包括两个方面:一是观众需求研究,二是展览资源研究。

首先是对观众需求进行调查。展览好比是提供给观众的"产品","产品"要让观众感兴趣,就必须根据观众的需求来思考展览的选题和内容,弄清展览选题是否对观众有意义,是否与他们的生活有关系。开展观众研究,能够帮助博物馆了解观众及其参观模式,从而有的放矢地策划举办观众喜欢的展览。观众调查包括两个方面:一是目标观众的了解,即哪些观众会对本展览感兴趣?他们的背景和特征如何?二是观众需求和态度的了解,即他们的参观动机、兴趣和预期是什么?这需要进行统计数据支撑。一般的观众调查方法主要有:发放问卷调查、重点关注人群调查(学生和家庭等)、邮件及网络调查、观众留言簿调查。观众调查的结果还将告诉博物馆该如何选择展览选题,如何策划设计展览。

其次是展览资源研究。展览资源研究主要包括如下内容:博物馆是否有足够的材料或收藏做展览?是否有扎实的学术研究成果做展览的学术支撑?是否有足够的资金做展览?是否有合适的可利用的空间?展览从策划到实施是否有充分的时间保障?谁胜任展览的学术顾问?谁胜任本展览的内容策划?谁胜任展览的形式设计?

选题研究是博物馆展览策划设计的第一步,也是关键的一步。只有认真做好上述两个方面的研究评估,方能确定一个可能成功的展览选题。

（2）展品形象资料研究

展品形象资料是博物馆展览的主要展示媒介，是博物馆展览的"主角"。博物馆展览的观点和思想、知识和信息的传播主要依靠展品形象资料来进行，要靠展品形象资料"说话"，通过展品形象资料揭示事物的本质，体现展览的主题思想。展品形象资料的质量直接影响到展览传播的质量。

展品形象资料一般包括文物标本、户外文物史迹、图片声像资料、档案资料等，它们是展览内容文本策划的重要物质基础。研究展品形象资料是博物馆展览策划的重要基础工作。

展品形象资料研究的主要任务是：对展品形象资料进行系统梳理和研究，弄清每件展品形象资料的名称、时代、使用背景和文化意义等。再根据展览传播的目的，以及展览主题和内容表现的需要，从大量的展品形象资料中选出那些最能揭示主题、最具典型性、最有外在表现力的实物做展品。

不同的展览对展品有不同的选择，在以审美为导向的艺术品展览中，欣赏实物展品的美是观众的主要参观动机。为此，我们主要从艺术性的角度考察这件展品的展示价值，要选择那些精致、美观的实物做展品，以满足观众审美的需求。

但在叙事型主题展览中，展品作为一种信息传播媒介，它是围绕主题和故事线展开的。因此，我们主要从历史和自然信息载体的角度考察这件展品的展示价值，考察其与展览主题、传播目的的关联性，及其在展览传播目的中所扮演的角色和作用。只要这件展品与展览要表现的主题和内容、观点和思想、知识和信息、人和事有密切关系，能够很好地表达展览的主题和内容，那它就可能被作为展品纳入展览之中，而不管其造型是否精美，甚至是一些很不起眼但很能说明问题的展品。反之，即便这件展品造型很美，具有很高的审美价值，但与展览表达的主题和内容无关，那它也不可能被作为展品纳入展览之中。合理巧妙地选择、利用展品形象资料，往往能够起到事半功倍的作用。

（3）学术研究资料

学术研究资料是博物馆展览的另一个重要学术支撑。它包括各种与展览主题有关的学说理论、专业研究成果、历史文献和档案资料，以及其他故事情节材料。特别对叙事型博物馆展览来说，它显得更加重要，因为在叙事型展览的叙事过程中，仅靠实物展品是远远不够的。

一方面，我们需要依靠学术资料来提炼、揭示和深化展览的主题，构建展览的主题内容框架，提出展览的基本概念、观点、思想，谋划展览要表达的内容等。例如，博物馆的前言和结语、各部分或单元的说明文字、展品展项的说明文字的编写都是基于展览学术研究成果编写的。显然，如果没有扎实的学术研究做基础，博物馆展览提出的主题、内容、概念、观点、思想就会成为无本之木,博物馆的各级文字说明的编写就成为无源之水。

另一方面,博物馆需要依靠学术资料创作辅助展品。博物馆收藏的实物展品往往有其局限性,要么与展览主题和内容相关的实物展品严重缺少,要么现有的实物展品外在表现力不强,不能充分地揭示展览的主题或表达展览的内容。如此,仅靠实物展品难以承担叙事型主题展览故事叙述的责任,难以表现历史或自然的现象,难以再现历史的过程、自然的变化和技术的发展等。这就需要借助艺术的或科学的辅助展品,如图表、沙盘、模型、雕塑、绘画、场景、动画、信息装置等。而博物馆辅助展品的创作不同于普通的艺术创作,必须要有充分的学术支撑,是有依据地还原和重构。博物馆展览中所有辅助展品的创作都是建立在学术研究基础之上的。例如,某地一个古生态环境的还原,它必须建立在对出土动物骨骼、植物孢粉、古地理和古地质状况学术研究的基础之上。

在叙事型主题展览中,只有通过实物展品和辅助展品的相互配合和补充,才能构建一个较完整的故事叙述系统,较为准确、完整、生动地讲述一段历史、一个事件、一个人物,或表现一种自然现象、一个科学原理。

因此,在博物馆展览内容策划设计中,必须对与展览主题有关的学术资料进行全面、系统和深入的分析和研究,从而为展览主题的提炼、展览概念和观点的提出、展览说明文字的编写、辅助展品的创作等奠定扎实的学术基础。

(二)展览主题与展览传播

1. 展览主题提炼及主题结构演绎

主题是博物馆展览的灵魂和核心,贯穿于展览的全过程。因此,在博物馆展览策划设计中,必须高度重视展览主题的提炼及主题结构演绎。

(1)展览总主题的提炼

主题是展览的灵魂,贯穿于展览的全过程。主题提炼的任务是要在对大量与选题有关的学术资料和藏品资料研究的基础上,进行从现象到本质、从事实到概念、从具体到一般的高度概括、抽象和升华,进而从教育学和传播学的角度提炼出一个能统领整个展览的、个性鲜明的、具有高度思想性的展览主题。主题提炼和立意的高度和深度直接关系到展览传播的思想水准。展览主题提炼愈充分,立意就愈高,展览的意义、思想性和教育性就愈强,切忌平铺直叙、就事论事。

主题提炼的结果往往反映在展览标题(名称)上,标题是展览主题的集中表现,被誉为展览的"眼睛"或"灵魂"。展览标题不仅要做到宏观提炼、高度概括、形象点题,更要给观众强烈的第一印象,一个展览能否吸引观众,标题往往起着关键性的作用。

尽管这些年涌现出一些主题提炼精妙的展览,但从总体上讲,主题提炼能力不强、水

平不高是我国博物馆陈列展览策划普遍存在的问题。以"2015年国家文物局展览季活动项目"各地推荐参评的407个展览为例，在展览主题提炼方面普遍存在以下四个突出的问题：

一是展览标题不通，词不达意，令人费解。

二是展览标题冗长，主题不突出，缺乏吸引力。

三是展览标题大而空，严重缺乏展品和内容支撑。

四是盲目拔高地方历史文化，存在明显学术问题。

(2) 凝练展览的分主题

展览总主题需要通过一系列展览分主题来支撑。除了展览的总主题外，展览内容策划还要根据展览总主题来凝练展览的分主题，即展览每部分或单元的主题。主题提炼的结果就是展览每部分或单元的标题。

(3) 展览内容主题结构规划

所谓展览内容主题结构，是指依据展览传播目的和展览主题对展览内容逻辑结构的合理安排，或是展览内容叙事的逻辑合理度，类似一本书的目录框架。

展览内容主题结构的逻辑清晰度是展览设计最基本的要求，它直接关系到观众对展览内容的认知与感受，关系到展览信息传播的效果。科学、合理地安排展览内容主题基本结构，对有效传达展览的信息，对观众参观并接受知识和信息十分重要。因此，展览内容主题结构安排必须合理巧妙。一个好的展览内容主题结构安排不仅能让观众轻松易懂地"阅读"展览，接收展览的信息，而且能起到引人入胜的效果。反之，观众对展览内容会感到难懂费解。因此，要根据展览的传播目的、展览主题、内容特点和观众参观心理的特点，科学地规划展览内容主题结构。常见的展览内容主题结构规划有递进式结构和并列式结构。展览采用什么样的结构，没有固定的格式，主要看展览的结构安排是否有利于有效地传播展览内容，有利于突出重点和亮点，有利于观众参观理解。

(4) 展览主题结构层次演绎

一般而言，展览主题结构层次分为部分、单元、组和展品四个层次，结构层次要脉络清晰，各层次之间逻辑性和连贯性强，下一级必须服从和服务上一级，紧扣上一级的主题，是对上一级的具体化。

2. 展览传播目的研究

展览传播目的是博物馆展览策划设计的第一要务，是博物馆展览策划、设计和表现的出发点和归宿。只有准确设立博物馆展览传播目的，并按展览传播目的来组织和规划展览，博物馆展览才可能成功；否则，博物馆展览内容的组织和表现将会无的放矢，不可能达到展览传播的应有效应。

(1)"传播目的"是展览内容策划的第一要务

博物馆展览是一种观点、思想、知识和信息的传播。所谓展览"传播目的",是指展览的宗旨,或展览教育或传播要达到的目的,它们或是教育的,或是政治的,或是宣传的,或是文化的,或是商业的等。

展览"传播目的"是展览的灵魂,是贯穿于展览建设始终的基本指导思想,是博物馆展览策划、设计和表现的出发点和归宿,它贯穿于展览策划设计和表现的全过程。传播目的不仅是展览内容策划的指导原则,而且也是展览形式表现的指导原则,展览内容的选择、取舍、编排以及展览结构的安排都必须服从和服务于展览的传播目的,展览形式和表现手段的选择、辅助展品的创作、展品的组合、信息的组团、展项的系统组织等也都必须服从和服务于展览的传播目的。

展览传播目的不仅是博物馆为展览设定的目标和方向,也是判断展览成效的依据。在展览内容策划阶段,我们首先必须研究和准确设立博物馆展览的传播目的;同样,在形式设计阶段,设计师首先必须深入和充分理解展览的传播目的,然后通过视觉形象语言将展览的传播目的表达出来。一个优秀的展览,必定是一个有着明确传播目的的展览;反之,没有明确传播目的的展览必定是一个不成功的展览。

(2)展览总传播目的的设定

展览内容策划,首先要明确展览总传播目的。展览总传播目的是展览传播的总目标,其定位准确与否,会从根本上影响展览传播的方向和效益。因此,展览总传播目的的准确定位十分重要,以下举例说明。

现代博物馆展览不仅是观点和思想、知识和信息的传播,也是与观众感觉、情感的交流,因此,除了认知传播目的外,还包括情感与体验。

2008年建设的杭州中国湿地博物馆是一座以湿地为主题,融展示、宣传、教育和收藏、研究为一体的国家级专题博物馆。通过湿地科学知识、世界湿地及其保护行动、中国湿地资源状况和价值、中国湿地与我国生态安全及经济社会可持续发展关系、中国政府为保护和可持续利用湿地所做的努力及取得的成就,以及首个国家湿地公园——西溪国家湿地公园等的展示,旨在向观众普及湿地知识,宣传湿地保护的重大意义,以及人与自然和谐发展的科学发展观,增强观众的生态保护意识,促进我国经济、社会、文化和环境的和谐发展。该馆主要发挥如下功能:一是向社会大众普及和传播湿地科学知识。弘扬湿地文化,帮助社会大众了解和认识湿地,增强大众对湿地保护重要性的认识,引导他们自觉地去爱惜和维护宝贵的湿地资源。二是宣传、引导、培养和增强人们"人与自然和谐发展"的科学发展观,增强观众的环境保护意识。三是促进杭州城市文化建设,提升杭州城市的文化品位,丰富人民群众的精神文化和休闲娱乐生活。四是增强杭州国际旅游城市的魅

力，进一步推动杭州城市旅游经济发展和繁荣。

根据上述功能定位。可确定中国湿地博物馆的总传播目的如下：

认知目标：①让观众学习湿地科学和人文历史知识。②让观众了解人类与湿地的密切关系。③让观众意识到湿地生态系统的重要性。④让观众认识到经济发展和湿地保护之间的平衡关系。

情感目标：①激发观众的好奇心和求知欲。②使观众产生对湿地的珍爱之情。③唤起观众对湿地保护与发展的责任感。

体验目标：①鼓励观众参与湿地互动体验活动。②让观众在湿地保护和决策中实现角色转换。

基于上述总传播目的，博物馆在展览策划设计中有意识地安排了一系列激发观众情感和增强观众体验的项目，如情景再现、互动体验、角色扮演等。情感和体验传播目的的设定，对丰富博物馆观众的参观和学习体验具有十分重要的意义。

（3）展览各部分、单元的传播目的的设定

除了整个博物馆展览必须明确总传播目的外，其实博物馆展览的每一级——各部分、单元、组甚至展项都有一个传播目的的问题，并且，每一级传播目的都必须服从和服务于上一级传播目的，是对上一级传播目的的具体化。因此，在博物馆展览各部分、单元、组的内容策划中，都必须明确自己的传播目的。下面仍以中国湿地博物馆为例进行说明。

中国湿地博物馆展览主要由"湿地与人类""中国湿地"和"西溪国家湿地公园"三个展厅组成。

第一展厅"湿地与人类"

传播目的：本部分主要向观众介绍湿地的基础知识，相当于概论，内容包括什么是湿地及其类型、湿地生态系统及其生物资源、湿地与人类文明起源、湿地的功能及与人类的关系、国际湿地公约与国家湿地保护行动等，旨在向观众普及湿地的基础知识，让观众认识湿地、关注湿地、重视湿地，明白为什么要保护湿地的道理。

第二展厅"中国湿地"

传播目的：本部分是展览的核心，主要向观众介绍中国湿地资源状况及其特征，湿地与中国生态安全及经济社会可持续发展的关系，以及中国政府为保护湿地所做的不遗余力的努力及取得的成就，旨在让观众了解我国湿地资源的基本国情及面临的问题，警示观众中国湿地面临的威胁及湿地破坏产生的严峻后果，号召全民重视湿地、爱护湿地，树立人与自然和谐的科学发展观，积极参与到保护湿地的行动中来。

第三展厅"西溪国家湿地公园"

传播目的：本部分将聚焦首个国家湿地公园——西溪国家湿地公园，重点向观众介绍在国家林业和草原局和浙江省领导的大力支持和指导下，杭州市委和市政府为了恢复和保护西溪湿地生态，在湿地可持续利用方面所做的艰苦努力以及取得的卓越成就和成功经验。特别是要宣传杭州市政府对次生湿地积极保护的理念，即以保护为目的和出发点，以合理利用为手段，以不破坏湿地生态系统特征和服务功能为前提来实现真正的保护。西溪湿地保护工程不仅对提高杭州城市整体环境质量意义深远，对提升杭州城市综合竞争力贡献卓著，而且对我国湿地保护具有重要示范作用，是我国湿地保护治理和可持续利用的光辉典范。

3. 展览传播主次的研究与规划

要在有限的空间和时间内展示展览的内容，切忌主次不分、面面俱到，而应该主次分明、重点突出。因此，在展览内容的规划中，特别要对展览的传播目的、传播信息、内容板块、知识点进行研究，分清主次，突出重点，从而达到展览的最佳有效传播效应。

（1）传播目的主次的规划

传播目的主次的规划是展览主次规划的顶层设计。一个展览往往包含多个传播目的，为了突出展览的主要传播目的，我们必须对展览的各个传播目的进行分析，分清主次，并在展览规划中依据传播目的主次进行合理的安排，突出重要的传播目的。

以苏步青励志教育馆为例，这是一座反映苏步青生平、业绩和精神风范为主题的人物类博物馆。策展方通过了解有关苏步青生平、业绩和精神风范的学术研究成果来确定该展览有以下几个传播目的：

第一，苏步青是一位伟大的科学家，在数学领域作出了杰出的贡献。

第二，苏步青是一位伟大的教育家，为中国的高等教育事业和人才培养作出了卓越的贡献。

第三，苏步青是一位伟大的爱国者，一生热爱祖国，为国家的强盛而奋斗。

第四，苏步青是一位杰出的社会活动家，积极参政议政，为国家建设特别是国家的教育事业倾注了巨大的心血。

第五，苏步青青少年时期的奋斗经历是一个知识改变命运的故事。

第六，苏步青是一位充满人格魅力的智者，他一生生活朴实，诗意情怀，感恩重义，知足常乐。

第七，苏步青是一位充满家乡情怀的人，他始终与家乡人民保持密切的联系，始终关心和帮助家乡的发展和建设。

在上述七个传播目的中，其中1~2最重要，3~5次之，6~7再次之。在展览内容文本设计中，我们根据传播目的主次不同，相应地也对展览内容进行比重上的区别。

（2）传播信息主次的规划

一个展览要传达的信息很多，为了避免信息干扰，策展人必须站在观众的角度，对展

览信息进行梳理，将重要的、必需的信息传达给观众。

例如，美国蒙特雷湾水族馆（Monterey Bay Aquarium）曾经举办的鲨鱼展。该展览的传播目的是"鲨鱼与你想象的不同"。展览策展人经过研究后对展览的传播信息作出如下规划：

展览首要传播信息："就像老虎与狼在陆地上一样，鲨鱼是地位最高的食肉动物；它们在海洋中扮演重要角色。"这是展览中必须传播的信息，要尽可能用立体化和形象化重点表现。

展览的次要传播信息："鲨鱼不是不思考就只会吃的机器；它们有一系列精致的调整感官，帮助它们置身于找到猎物而且容易猎到猎物的位置。"这是展览中应该传播的信息，要包含在每个个别展示单元及诠释绘图中。

展览再次一级传播信息："大白鲨可以保持高于环境的体温，以便它在冷水中有效地用它的肌肉来捕猎。"这是展览中有空间表现就表现的内容。

（3）内容板块主次的规划

展览内容板块主次的规划是展览主次规划的中层设计，是对展览"面"的规划。展览内容是服务和服从于展览传播目的的，是展览传播目的的支撑和体现。因此，展览内容板块主次的规划要根据展览传播目的的主次来合理规划。

显然，要在有限的空间和时间内不分主次地展示内容是不合理的。事实上，观众参观展览的时间以及能够接受的展览信息是有限的。为了帮助观众在有限的时间内得到必要的或最重要的信息和内容，展览策划应该对展览内容板块进行主次区分，以便在展览中重点表现和突出那些重要的内容板块、那些重要的内容和信息（用圆圈大小表示展览的重要程度）。

如绍兴博物馆"历史名城文化之邦"陈列共分为六部分。根据绍兴城市历史文化的特点，其中最重要部分是"第二部分越国春秋"和"第五部分绍兴府地"；其次是"第一部分史前绍兴""第三部分会稽郡地""第四部分越州州地""第六部分近代绍兴"。

（4）重要知识点和信息点（重点和亮点）的规划

展示内容重点和亮点的规划是展览主次规划的底层设计，是对展览"主要信息点或传播点"的规划。

博物馆展览不是写书，并且，观众也是在有限的时间内参观一个展览。在有限的时空内展示某个主题展览内容，不可能面面俱到，不可能娓娓道来，不可能细说。同时，展览表述有其自身的规律和特点，它是通过一个个展项来叙事的。因此，在展览内容的规划上要特别重视展览传播点（知识点、信息点）的选择和规划，即要选择代表性、典型性的"点"，并且通过这些"点"的有序串联来述说事物的发展过程（以点带线），或反映事物的面貌和状况（以点带面），通过这些"点"的逻辑化串联为观众构成一个完整的知识体系。

以贵州省博物馆基本陈列为例,其历史部分展览——"历史贵州"按照"以点带史"的思路组织展览内容,民俗部分展览——"纷彩民俗"则按照"以点带面"的思路组织展览内容。

从大的历史发展节点看,贵州历史主要有三个节点:以黔西和安龙观音洞遗址为代表的早期旧石器时代文化,以夜郎古国为代表的新石器时代至东汉的历史文化,以土司文化为代表的唐宋至明清历史文化。所以,"历史贵州"以此三个节点为支点,采用"以点带史"的方法叙述贵州的历史:第一单元"观音洞的故事";第二单元"夜郎寻踪";第三单元"海龙风云"。

由于贵州民族众多,民俗事象精彩纷呈,从大的类别讲,有岁时节庆、敬畏之礼、婚恋习俗、交际性习俗等,而每一类民俗又丰富多彩,显然要将所有民俗事象进行展示是不可能的。于是,策展人在"纷彩民俗"部分展览策划中,采用"以点带面"的思路组织展览内容。

另一方面,展览需要做"秀",需要有"秀"的支撑。所谓"秀",即是展览每个部分或单元的重点和亮点,是展览传播的主要知识点和信息点。一个成功的展览离不开展览"秀"的支撑。如果没有"秀"的规划,这个展览往往是个不成功的展览。因此,在展览内容文本策划中,我们要认真研究并选准每部分或单元的内容的重点、亮点,并且合理地安排这些重点、亮点的布局。

(三)展示素材与展览内容文本

1. 展示素材选择

展览与写书不同,它依赖展示素材表现和叙事,展示素材是博物馆展览特有的表达语言。欲使展览达到有效传播信息和内容的目的,必须选择好展览的素材,包括文物标本、图片声像以及用于创作辅助展品的故事情节资料,并对展示素材进行合理巧妙地组织和安排。

(1)选择展示素材

展览内容的表现和信息的传达需要生动、形象的展示素材的支撑,展示素材不仅包括文物标本、图片声像资料,还包括可用于创作辅助展品的故事情节资料。好的展示素材能够生动形象地表现展览的内容,揭示展览的主题,因此,在展览内容文本策划中,要认真研究和选择展示的素材。一般来说,那些"见人见物见精神"的素材,那些具有代表性、通俗性、故事性和情节性的素材,往往最能表现展览的内容,最能打动观众。因此,策展人应尽可能选择和安排这样的展示素材。

例如,在莫斯科俯首山下的俄罗斯卫国战争博物馆中,为了表现战争的残酷和对人性

的摧残,策展人选择了"一个女人战争前后和战争中的3张照片"来表现。第一张照片是战争开始前拍的,看上去是一位充满青春活力的姑娘;第二张照片是战争进行到中期时拍的,看上去像一位中年妇女;第三张照片是战争结束时拍的,看上去像一位老太太。这组照片从小处和普通人平凡的经历着眼,却揭示了一个伟大的主题:俄罗斯卫国战争的残酷及其对人性的摧残!

（2）研究展示素材的组团

要有效地传播展览的内容,除了要选择好的展示素材外,还要巧妙地对这些素材进行组织。展览要清楚地传播信息,关键要在展示素材的信息组团上下功夫。展示素材的信息组团越科学、巧妙,就越能有效传播展览的信息;反之,将影响展览信息的传播,甚至出现错误的信息传播。

展示素材的信息组团类似电影的一个个分镜头。博物馆展览一般由四类信息载体构成,即图文看板、文物标本、作为辅助展品的二维或三维的造型艺术以及信息装置。它们之间必须是相互关联和呼应的,以共同表现一个展览内容或揭示一个展览主题。

例如,当年中国革命历史博物馆举办的"周恩来生平展览"最后部分"鞠躬尽瘁死而后已"中的"为人民服务纪念章、台历和手表"的组合。

再如,良渚博物院"良渚人建房"。由四个方面的元素组成:图文说明板、良渚人房屋考古发掘柱洞及平面照片、考古出土榫卯结构建筑构件、良渚人房屋模型。

再如,瑞典东方博物馆"仰韶文化墓葬"组合。展厅墙面是从地到顶的一张表达"仰韶文化"的地域环境黄河流域的老照片（靠近可以听到黄河波涛声和乌鸦鸣叫声）,一组表达"仰韶文化"墓葬的发掘照片,一组反映"仰韶文化"墓葬的照片及其出土器物,一个可以让人进出的大型彩陶罐（内置播放叙述"仰韶文化"时期社会结构故事的录音装置）等。

又如,2014年建成的桐乡市博物馆展览中关于良渚文化晚期新地里遗址和姚家山遗址的展示,前者发现一处由140座贫民墓组成的墓地,后者发现了一处由7座高等级贵族墓组成的墓地。在展示素材的组团上,必须对新地里、姚家山两个遗址墓葬进行一一对比组合展示,包括墓葬体量大小、有无二层台、有无棺椁痕迹、随葬品多寡等的比较,以反映良渚文化低等级墓地和高等级墓地并存,说明良渚文化晚期社会阶层分化的现象。如果展览的素材不进行这样的对比组合展示,仅仅从版面好看的角度进行一些布局,那么展览本该向观众传达的信息将很难完全传达出来。

（3）展览显性信息与隐性信息的处理

我国博物馆展览有一个通病,即信息过于繁杂且不分层次,只给观众"一道菜",不管面对的是普通观众还是专业观众。作为信息传播的载体,一方面博物馆展览传播的信息固然要丰富饱满，能满足不同观众的不同信息需求，但同时又要避免信息过量，不使观众产生信息混乱；另一方面，受展厅面积和空间局限，可能无法或不便于展示大量信息。因此，要根据信息的重要程度，分类并科学、合理地处理好展览的信息层次。

其中，特别要合理地处理好展览的显性信息和隐性信息。一般来说，显性信息通常与观众直接见面，主要满足普通观众的需要，隐性信息的一般处理方式是触摸屏，主要满足专业观众的需要或再次来博物馆参观的观众的需要。例如，绩溪博物馆基本陈列中的"胡适年表"就很长（记录他从1891年出生到1962年72岁去世重要事件的年表约7000多字），普通观众应该没有兴趣全面了解，但部分专业观众可能感兴趣。因此，合理的处理方式是将其作为隐性信息处理，即利用触摸屏将完整的"胡适年表"进行存储和浏览。触摸屏能提供灵活的方式帮助观众学习、浏览，使观众获得信息的方法更为直观简便。

隐性信息常见的展示方式还有抽屉式、抽拉式和翻版式。例如，在史密森美洲印第安人博物馆的展厅内，许多展柜橱窗下面都有几层抽屉，上面写着："打开抽屉，有更多发现。"原来里面存放的是一些小件艺术品，如项链、箭头等，它们如果跟那些大件艺术品一起摆放就很可能被忽视，藏在抽屉里却引起了人们的好奇心。

抽拉式采用层层活动式抽拉板，观众可以通过抽拉方式，从上往下一层层抽拉观看展示图文版，内容编排一般是由浅入深、由粗到细。

翻版式是将图文版面设计成活动式，正面是问题，背后是答案。观众先阅读正面的问题，进行思考，再翻转活动式版面，比对答案。

2. 不同展览内容文本的编写

文字编写是展览内容文本策划的重要内容。展览内容文本文字至少应该包含四类文字：各级看板说明文字、辅助展品创作说明和依据文字、数字媒体的隐性信息文字、展览讲解或导览性文字。一个好的展览内容文本文字编写，不但能增加观众对展览的兴趣，而且有利于展览形式设计和创作。

（1）各级看板说明文字的编写

看板说明文字是展览的主要信息传播载体，是文字说明最重要的组成部分。体现在展览中即是前言和结语以及一级、二级、三级或四级看板说明文字，它们反映了展览宗旨以及每部分、单元和组的主题或核心思想，是整个展览或各部分、单元和组的主题性或主导性文字。它们是展览与观众对话的媒介，是展览的说故事者，直接关系到展览的思想、知识和信息传播以及观众参观展览学习的效益。对博物馆展览来说，看板说明文字是必不可少的。看板说明文字不应该仅仅是展示说明，还需要鼓励参与和增强互动。拥有一个优美的看板说明文字，不但能增强观众对展览的兴趣，而且会使他们对整个展览产生深刻的印象。目前在博物馆展览内容文本文字编写方面突出的问题是，展览前言以及部分、单元和

组的说明文字撰写或缺乏规范性和准确性，或缺乏吸引力和激发性。

①前言。"前言"是展览看板说明文字中最重要的文字，一般可反映展览的主题思想、基本内容和宗旨。展览前言文字编写的主要任务在于概述展览主旨和要点，使观众能迅速而有效地了解到展览的基本情况，引导其进入正式的展览参观环节。

有一些展览前言编写存在很多问题，或抓不住展览的主题或宗旨，或行文拖沓、过于冗长，或文笔枯燥生硬等，难以激发观众阅读的兴趣。

②"部分""单元"和"组"的说明文字。"部分""单元"和"组"的说明一般反映展览各"部分""单元"和"组"的主题思想和主要内容。每一级的文字说明要能统领其下的展示内容。

"前言""部分""单元"和"组"是一个严密、完整的内容系统，应有严密的逻辑结构层次，依次是前言、部分说明、单元说明、组说明。按照展览内容结构逻辑层次的要求，在各级文字说明编写上也应做到：下一级文字说明必须服从和服务于上一级文字说明，紧扣上一级文字说明的主题，是对上一级文字说明的具体化。切忌上下级文字说明之间没有关系，或关系不大，或关系混乱。

同时，看板说明文字只需要包含主要的知识点和信息点，只需要包含最核心的、与主题紧密相扣的内容。要抓住重点，文字表述要精练，文字量不宜过长，切忌长篇累牍，否则会给观众造成阅读疲劳。每块图文板和说明牌上的文字数都不宜多，但核心信息都已被清晰阐述。一般来说，"部分说明"宜控制在 250~300 字，"单元说明"控制在 150~200 字，"组说明"控制在 80~100 字。

③解读性看板说明文字的编写风格。解读性看板说明文字编写要巧妙，要具备准确性、艺术性、互动性和关联性等特点，能起到激发观众关注或引导观众的作用。例如，采用提问式、鼓励参与式、吸引注意力式、指引观众式和鼓励比较式等。看板说明文字风格除了要做到通俗易懂、可读精练、自然流畅、富有文采、亲切动人外，更要有感染力、激发性、引导性、启发性和召唤力，能引起或激发观众阅读的兴趣，能吸引观众参与到展览之中。

此外，解读性看板说明文字的标题不仅要点题，还要有感染力、激发性、引导性和召唤力，能引起或激发观众阅读的兴趣。例如，上海自然博物馆标题——"鳄鱼的伪装""装死逃生的负鼠""伏击的蜘蛛""北蝗莺的声东击西""穿山甲的防御""非洲草原上的猎手和猎物""猎豹——短跑冠军""好斗的狒狒"等。

（2）辅助展品创作说明和依据文字的编写

在博物馆展览中，尤其是在叙事型主题展览（区别于文物或艺术品展览）中，由于文物标本的缺乏，或是为了强化展览信息传播的需要，或是为了增强展览的观赏性和感染力的需要，博物馆展览往往会采用大量辅助展品和信息装置，如壁画、油画、半景画、全景画、模型、沙盘、景箱、场景、蜡像、雕塑、多媒体、动画、互动装置、影视等。这些辅助展品和信息装置因具有良好的视觉效果、阐释能力和现场感而深受观众欢迎。

然而，博物馆展览中这些辅助展品的创作和信息装置研发不同于一般的纯艺术创作和娱乐媒体，它们更是一种知识信息交流的媒介。所以，它们的创作必须遵循科学性、真实性原则，必须是有依据（科学依据和学术支撑）的再现、还原和重构。

因此，在展览内容文本设计中，必须对辅助展品和信息装置的创作提出要求，并提供创作说明和创作依据。它们包括如下内容：该辅助展品的传播目的、基本内容、要表现的主要视觉元素等；有关创作的依据或参考性文字，如某个历史事件或人物的基本概况、情节故事、有关的历史记载、后人的研究成果等。为了做好展览辅助展品和信息装置的创作，在展览内容文本设计中，必须给形式设计师提供明确、充分的展览辅助展品创作说明和创作依据资料。

（3）数字媒体的隐形信息文字的编写

作为信息、知识的传播载体，博物馆展览的信息要丰富饱满，能满足不同观众的不同信息需求，但同时，为了在有限的空间内避免展览信息的混乱，突出重点，必须处理好展览的信息层次。一般来讲，博物馆展览信息分为两类，即显性信息和隐性信息。显性信息是展览最基本的信息，通常直接与观众见面，主要满足普通观众的需要；隐性信息主要指展览的检索性或链接性信息。它们往往在展览背后，如触摸屏中的信息，主要满足专业观众的需要或想了解展览更多信息的观众的需要。

（4）展览讲解或导览性文字

博物馆展览向观众开放后，必然要有为观众进行展览讲解或导览的工作。这是博物馆展览教育工作的重要内容，直接关系到观众参观展览及其获得知识、信息的实际效果。目前，国内博物馆大多采用讲解员讲解的方式，部分采用导览设备的方式。但不管采用哪一种方式，都需要撰写讲解或导览脚本。

而导览或讲解脚本反映的内容一般是对展示内容的补充和深化，讲述的是展览或展品背后的知识和信息。因此，为了达到导览或讲解工作对展览内容的补充和深化的作用，在展览内容文本编写中最好增加展品展项"背景知识"的编写。

这些"背景知识"的集成就构成了展览讲解或导览脚本的基本内容。如果没有这个基础，单独去编写展览讲解或导览脚本，就会出现要么讲解或导览脚本内容与展览内容不匹配，要么与展览版面文字重复的问题，达不到导览或讲解对展示内容的补充和深化作用。

3. 展览内容文本的编写要求与格式

内容文本是展览形式设计的蓝本，是一个展览成功的基本保障。

（1）展览内容文本的编写要求

一直以来，我国博物馆界十分不重视展览内容文本的创作和研究，至今，我们尚无可循的标准和规范。根据笔者多年的博物馆展览内容文本策划和展览设计的管理经验，一个合格规范的展览内容文本至少应该符合如下基本要求：

第一，展览内容文本要明确展览的传播目的。展览内容文本必须明确本展览的传播目的和宗旨，即本展览想让观众知道什么或想影响观众什么？这是展览设计的基本指导思想。如果展览内容文本不能对形式设计师阐述清楚本展览的传播目的和宗旨，那么形式设计师在从事展览形式设计时，就不容易准确把握展览设计的基本指导思想。

第二，展览内容结构要符合逻辑清晰度。展览内容文本必须明确展览传播的基本内容，并将这些基本内容按照清晰的逻辑结构进行编排。展览基本内容的逻辑结构关乎受众参观认知的效果。清晰的内容逻辑结构能起到纲举目张的作用，反之，如果展览的内容逻辑结构安排不当或比较混乱，就会给观众的参观心理造成混乱，严重影响观众的信息和知识的接受效果。

第三，展览内容文本要明确提示展览要传播的基本信息。即哪些是观众通过参观展览后必须知道的信息，哪些是观众应该知道的信息，并按重要程度依次编排。这样的提示有助于形式设计师能根据信息的重要程度在展览中合理地安排这些信息，做到主次分明。如果内容文本不对形式设计师作这样的提示，形式设计师在处理展览信息时就会无所适从，不知道哪些是在展览中应该重点表现的，哪些是一般表现的。

第四，展览内容文本要提示展览各部分或单元的重点和亮点。展览不宜平铺直叙，展览需要"作秀"。一个成功的展览离不开"秀"的支撑。但展览的"秀"应该做在展览内容的重点和亮点之上，这样的"秀"才能成为观众的兴奋点。如果内容文本不对展览的重点和亮点进行提示，指望从事艺术创作的形式设计师的揣摩是难以准确把握展览的"秀"的，非重点和亮点"作秀"，不仅达不到渲染和烘托展览重点和亮点的作用，而且是一种无谓的浪费。

第五，展览内容文本要对展示素材进行巧妙的组团。必须点明实物和辅助展品的组合关系及其传达的意义，即一组展品——实物展品和辅助展品是如何组合的，共同要传达什么意义，谁是主角，谁是配角，谁做背景用。如果内容文本不做这样的提示，形式设计师不仅难以准确地把握和表现展品组合欲传达的意义，而且容易颠倒和混乱展品的组合关系，导致信息传播的错误。

第六，展览内容文本要对传达的信息作出清晰的层次划分。即展览策划面对受众的信息传播层次的清晰度。为了满足不同观众的不同信息需求，展览除了要信息丰富完整外，很重要的是要处理好信息层次，即哪些是满足普通观众需要的信息，哪些是满足专业观众需要的信息，哪些作为显性信息处理，哪些作为隐性信息处理。如果展览内容文本对此不做处理，就容易导致展览信息的混乱。展览策划面对受众的信息传播层次的清晰度和完整性是考核展览内容文本的一个重要参数。

第七，展览内容文本必须清楚说明辅助展品的传播目的并提供创作背景和学术支撑，在博物馆展览中，无论是科学辅助展品（图表、地图、模型和沙盘等），还是艺术辅助展品（绘画、雕塑、场景）的创作，除了明确的传播目的外，还必须有严谨的学术支撑，展览内容文本必须要提供辅助展品创作的学术依据和背景说明，这样才能保证辅助展品设计和制作的科学性和艺术性。

第八，展览内容文本应该撰写重点展项的分镜头剧本，所谓重点展项的分镜头剧本，一般是指数字影片、多媒体、大型场景、大型群雕、大型沙盘模型和大幅壁画绘画等创作的学术依据和形象素材及其分镜头剧本策划。如果没有这些展项的分镜头剧本的支撑，形式设计师就难以准确形象地创作这些重点展项。

第九，展览内容文本必须撰写所有看板的文字说明，包括前言、部分主题说明、单元主题说明、组主题说明和重点展品的文字说明。展览文字说明除了可读性和精练外，在设计风格宜采取提问式、鼓励参与、吸引注意力、指引观众和鼓励比较的方式，要有感染力、激发性、引导性、召唤力，能引起或激发观众阅读的兴趣。

第十，展览内容文本学术观点必须正确，依据材料要真实可信。博物馆展览不是娱乐媒介，而是观点和思想、知识和信息的传播。因此，展览提出的观点和思想、知识和信息，以及展览展示的各种展品（包括辅助展品），都必须建立在科学的、真实的基础上，必须以主流学术观点为基础，必须以客观真实的材料为支撑。杜绝非主流学术观点，杜绝胡编乱造。

以上是评价一个展览内容文本的基本考核点。

（2）展览内容文本的格式分析

电影剧本有电影剧本的格式，同样，博物馆展览内容文本也应该有自己的格式。那么博物馆展览内容文本的格式是怎么样的？怎样的展览内容文本才算是比较规范的呢？遗憾的是，至今我们还没有一套规范的展览内容文本格式。

根据多年的博物馆展览内容文本策划和设计管理经验，笔者认为就像电影剧本是为制片人、导演、演员、摄影、美术、服装和化妆等专业人员服务一样，展览内容文本主要是为展览形式设计创作专业人员服务的。因此，评价一个展览内容文本格式是否合适，关键是要看其能否让展览形式设计创作专业人员一目了然地看懂文本，理解展览的传播目的、展览的基本内容、展览的结构、展览的重点和亮点、形式表现的基本要求、展品展项创作的依据等，并且清楚如何将展览内容文本转化为三维的展览形态。

基于这样的判断，我们将展览内容文本格式分为如下几个层次处理：

第一层次，展览的总传播目的和内容主题结构

①展览的总传播目的

②展览内容主题结构（由若干相互关联的部分或单元组成）

第二层次，部分或单元传播目的和内容主题结构

①部分或单元传播目的

②部分或单元主题说明

③部分或单元内容主题结构（由若干相互关联的组组成）

第三层次，组的传播目的和内容组团

①组的传播目的

②组的内容组团

③重点、亮点提示

④形式设计提示及创作依据

实践表明，这样的展览内容文本格式容易让展览形式设计创作专业人员看懂，且比较受业内展示设计公司的欢迎。

二、博物馆陈列展览的实施

博物馆是依靠其独特的宣传教育形式和生动直观的宣传教育手法来实现其社会功能作用的。在博物馆形式多样的宣传教育手法中，效果最好、影响最大、最受欢迎的就是博物馆为观众举办的陈列展览。陈列展览既是博物馆宣传群众、教育群众、服务群众的基本方法，也是博物馆与广大群众直接进行交流互动的广阔平台，更是博物馆检验自身社会功能作用发挥效果的最主要的手段。博物馆如果不能经常为观众提供品味高雅、制作精美的陈列展览，就不可能有效地发挥它的社会功能作用。正是因为博物馆的陈列展览工作与实现博物馆的社会功能作用之间存在着必然的因果关系，所以陈列展览工作历来都被博物馆视为业务工作中最为重要的核心环节而备受关注。每一个博物馆都把提高陈列展览工作水平，不断制造推出高质量的陈列展览作品，作为本馆工作最为重要的任务指标。

熟悉或从事博物馆陈列展览工作的人都知道，博物馆的每一项陈列展览，都要经过许多纷繁复杂的程序、步骤和环节，都会遇到在展览实施运作过程中不断出现的各种矛盾和问题，都有可能受到展览正常情况以外的不可预见的未知因素的干扰和影响。下面，笔者就如何科学合理地协调和把控陈列展览工作中的所有步骤和环节；及时准确地处置和化解展览实施过程中不断出现的各种矛盾和问题；有所预见地排除和避免可能出现的未知因素对展览工作的干扰和影响；有所预见地排除和避免可能出现的未知因素对展览工作的实

践,就博物馆陈列展览工作的全程控制问题,谈谈个人的肤浅认识。

(一) 完整的展览项目的一般程序

博物馆制作推出的任何一项陈列展览,大到体现本馆性质任务的基本陈列,小到题材多样、内容丰富的临时性专题展览,都需要经历一个由创意构思到最终形成展览成果的复杂过程。这个过程按工作进展的先后顺序,基本上应包括如下程序内容:①研究确定陈列展览的选题;②根据展览选题,确定主要展品及辅助展品;③选择确定展览所需要的场地;④进行展览的内容研究设计、撰写展览大纲;⑤进行展览表现形式的研究设计;⑥展览经费的筹措和展览经费使用计划的制定;⑦按法定程序选定招标机构,并按规定通过招标程序选定展览形式设计单位、展览的布展施工单位、展览的施工工程监理单位、展品的运输单位、展品保险的投保单位;⑧与为展览提供服务的单位签订具有法定效益的相关合同;⑨听取和征询有关专家学者对展览项目的意见和建议;⑩展览整体运行工作的全程组织监督;⑪展览项目的验收与工作总结。

上述所罗列的陈列展览工作的步骤、环节,是指一般正常情况下的陈列展览工作程序。具体到某一项陈列展览的实施过程,有可能会出现因为某些环节的情况变化,而导致的某些相对应的个别程序、步骤的跳跃、省略或增加,但最基本的程序和环节则不会发生根本性的改变。面对如此复杂的程序、步骤和工作环节,必须要有一个清晰的思路和一整套行之有效的科学管理办法,才能有条不紊地驾驭和把控整个展览运行的全过程,才能保证顺利地完成陈列展览任务。

(二) 陈列展览工作开展的系统思维方法

博物馆所制作推出的任何一项陈列展览,都是通过一项一项的展览工作程序和展览工作步骤的实施,以及一个一个展览工作环节的进展落实,才最终形成为一个完整的陈列展览作品的。也可以说,每一个完整的陈列展览作品,都是由众多的工作程序、工作步骤和工作环节的相互串联叠加和不断地实施、落实而完成的。这是一个复杂的演化实施过程,在这个过程中,每一个程序、每一个步骤、每一个环节,都会遵循着它们在展览项目中所担负着的不同的职责任务,以及它们相互之间所存在着的内在的固定关系,而发挥它们各自的作用。这些程序、步骤、环节之间,既相互独立,又相互依存,还相互制约,哪一个环节出现了问题都会辐射和连带地影响到其他环节的进展和落实,甚至会对整个陈列展览工作形成全局性的影响。比如说,文物展品这个环节不能落实确定,那么必然会影响到内容设计和形式设计这些环节的进展,设计环节不能落实,那么施工环节自然也就无从谈起了。再如,展览经费不能落实,那么所有需要经费支持的环节就将无法进行。因此,我们

说博物馆的陈列展览工作是一项十分复杂的系统性工程，决不能用简单思维的方式来被动地应对。而应该运用系统思维的方式，对博物馆的每一项陈列展览工作实行积极、主动、科学有效的全程控制。既重视解决处理好每一项展览工作环节中出现的个别问题；又重视解决处理好各个展览工作环节之间的相互联系、相互制约、相互平衡的协调问题；特别是要重视研究展览工作中，各个步骤、环节之间的内在联系以及相互作用、相互制约的规律问题，有针对性地探索和制定科学合理的工作方法和工作机制，努力提高把控陈列展览工作全局的能力，不断提高展览工作的操作管理水平。

（三）展览项目运行中需重点把控的内容

1. 展览主题的研究确定

展览主题的确定，是展览工作的正式启动，是展览项目开始运作的第一步，它对于整个展览项目具有牵引和统领的作用。展览主题一经确定，那么展览所涉及的展览内容、展览规模、展览表现形式、展览所需要使用的展品类型、展品数量、展品规格、展品来源、展具设备，以及展览所需经费的大致预算等许多相关事项内容，都会大体上得以初步的确定。在确定展览主题的这个步骤环节中，需要重点把控好展览主题选择确定的标准原则。一般来说，确定展览主题所需要遵循的基本原则，就是展览主题必须紧密贴近本馆的性质、任务，忠实履行本馆的社会职责和社会功能，努力保证所办展览能够为实现本馆的社会功能作用服务。

2. 确定展览的主要展品和辅助展品

这个步骤环节上的把控工作的重点，是在展品确定了之后，对展品在各个具体使用阶段的严格控制，目的是确保文物展品在整个展览期间绝对安全。展品一经确定，相应的保障措施就必须按照工作的进度要求逐步加以落实。如果展览项目的主要展品及辅助展品都由本馆自身提供，那么相应的展品挑选、展品运输、展品的布展等工作就比较简单了，只需要本馆的职能部门相互协作配合就能够解决。如果展览的主要展品来自馆外，甚至是来自境外、国外，那么情况就会相对复杂。如果是国内的借展，把控的工作重点应该是与外借展品相关的所有协议内容，相关协议必须对涉及借展工作的所有事项给予明确，既要明确各方的责任、义务，又要保证展品的绝对安全。协议签订之后，还应该制定相应的应急预案，以应对意外情况的发生。如果是引进境外或国外的展览，展品来自国外、境外，除了需要在展览的各个环节上更加周密完善外，还必须有相关外事部门的监督保证和紧密配合，认真执行外事规定，严格按照合同的规定办事，维护国家和博物馆的声誉，保证展品的绝对安全。展品的安全将具体地体现与展览运行工作中的各个环节，因此，必须全程予以关注，严格按照每一个环节、步骤的具体要求去逐一地落实，确保展品在展览全程中的安全。

3. 展览的内容设计与形式设计

展览的内容设计、形式设计与展览场地的选择确定之间，存在着密切相关的联系。在这三个步骤、环节中，内容设计决定着展览的规模、展品的类型、展品的数量等展览基本要素的内容，内容设计是展览形式设计的基础和依据，内容设计还能够通过形式设计，间接地对展览场地的选择和确定形成一定的影响。因此，在这三个步骤环节中，把控的重点首先是内容设计这个环节。对内容设计的基本要求是：必须紧贴展览主题，通过精心的选材和科学巧妙的编排，全面、准确、生动地反映和表现展览的主题思想，完成展览大纲的撰写，使展览大纲完全实现展览内容设计的全部要求，就会为展览的下一步工作打下良好的基础。展览的内容设计完成之后，将转入展览的形式设计阶段。

展览的形式设计一般会通过相关的法定程序，选择具有专业能力的设计单位来承担，为了保证形式设计能够准确生动地反映和表现展览的主题思想，博物馆要从专业的角度，对形式设计工作提出明确而具体的技术性要求：第一，形式设计必须遵循内容设计大纲的内容编排，真实地反映展览的主题思想，力争形式与内容的完美统一。第二，形式设计人员必须与内容设计人员进行反复的交流，必须在完全理解展览主题的前提下，去开展形式设计工作。第三，形式设计人员必须深入分析研究展品的内涵，深刻理解每件展品对于表现和反映展览主题的不同作用，用统一协调的设计理念，将展品组合构成一个统一的整体。第四，形式设计的总体艺术形象，应该具有准确性、生动性、鲜明性，在形式设计上要不断有所创新，不能总是重复和雷同。第五，要充分考虑展览场地的实际现状，善于巧妙地运用设计手段，扬长避短，最大限度发挥场地的使用效率。

4. 制定展览经费的筹措和经费使用计划

展览经费的筹措和使用，对于任何一项展览来说都是至关重要的，经费不能落实，展览工作的任何步骤、环节都无从谈起。首都博物馆作为国家全额拨款的单位，全部的运行费用有国家财政给予保证。每年的展览计划和展览经费的支出预算，都是事先经过报批和审核的。即使如此，实际工作中，也不能完全避免和排除因突发的原因，而导致展览经费不能落实，展览项目不能进行的情况发生。为了防止和尽量避免展览计划被突然改变和展览经费被突然调整，对展览工作所造成的损失和影响，博物馆应该在制订每年度展览工作规划中，特别强调规划的科学性、合理性和严肃性。

针对展览项目不同的经费来源，采取不同的防范和保证措施，最大限度增加展览经费保障的可靠性，将展览项目和展览经费保障的不确定性减少到最小的程度，以保证展览计划的顺利进行。首先，列入本馆年度展览陈列计划的展览项目，凡是需要使用上级财政拨款的，必须通过正式渠道，与上级相应的主管部门进行反复认真沟通，在确认上级部门确已将该项目列入其年度工作计划之后，才能将其列入本馆的项目执行计划，以便最大限度提高计划的可靠性。其次，列入本馆年度展览陈列计划的、展览经费须由本馆自筹经费来完成的展览项目，必须要通过馆长办公会的研究决定，形成有约束力的决议。财务部门要对展览资金的筹措落实，制定出具体的办法和措施，保证展览经费的足额到位。除非出现不可抗拒的因素影响，正常情况下必须确保展览经费按照使用计划准时拨付，绝不能随意、轻率地改变原有计划，打乱原有工作程序。

在把控展览经费的使用过程中还有以下几点要特别注意：

第一，根据现行的财务管理制度，展览项目的最初预算方案经上级审批后，还必须经过市级财政部门的预算评审，经过评审后的项目经费，一般都会少于原有的预算数额。出现这种情况，必须按照财政评审后的实际经费，对整个展览项目的经费使用计划进行调整，尽早化解由此产生的展览项目运行中的一些矛盾和问题。

第二，在制定展览经费的筹措及使用的过程中，要坚持科学、严谨的态度，要适当留有余地，并预先制定必要的补救调整方案，最大限度地保证展览项目的有序进行。

第三，在任何情况下都要遵守国家的财务管理制度和法规，现代财务管理制度在执行的过程中，会出现一些让执行者感到无所适从的问题：比如项目的某一个阶段的工作量还没有完成，财务部门却要求经费的支付额度超过项目已完成的部分，以保证资金的支付率，这种财务管理与实际工作严重脱节的情况屡屡发生。因此，展览项目的执行人必须保持头脑清醒，应该在保证遵守国家财务管理制度和法规的前提下，妥善处理经费使用中的各种问题，保证经费使用安全。

5. 通过招标方式选择和确定形式设计单位

形式设计单位的选择和确定须按国家现行的法规要求和程序进行。预算审批经费在50万元以下的，可以采用议标的方式来确定。所谓议标是由博物馆自行组织专家对不少于三家的应标单位的形式设计方案进行打分评比，得分最高的设计单位即可承担该项目的形式设计工作。预算审批经费在50万元以上的项目，则必须采取社会公开招标的方式来选择和确定展览形式设计单位。具体的运行程序是由博物馆委托专业的招标公司来负责项目的招标工作，博物馆则负责标书中所有涉及本行业专业规范要求内容的编制，对标书中的专业内容提出详细、明确的专业技术要求，对投标单位的专业资质、专业等级、过往业绩等行业综合能力提出限定要求，将这些专业标准要求提供给招标公司，编入招标文书。此后，招标公司将按程序展开招标工作，保证招标公司在不受外力干扰的情况下，顺利完成形式设计的招标工作。

6. 选择和确定展览项目的布展施工单位

展览布展施工单位的选择和确定，按照现行的北京市财政管理制度100万元（各地区标准不一样）以下的项目采取议标方式，100万元以上采取公开招标的方式。这个工作环节把控的工作重点是招标文件中关于布展施工的专业技术方面的各项规范要求的编制，为了实现对施工工作的高标准要求，博物馆的展览工作团队在编制专业技术要求时，要对以下三个方面提出明确而具体的要求：

第一，在标书中对预投标单位的行业资质、企业等级、施工能力、过往业绩、诚信状况等相关指标内容，提出明确而具体的标准要求。

第二，要针对本展览项目中的各项布展施工的具体部分、具体环节提出详细而具体的技术指标要求。

第三，要对预投标单位的过往业绩进行审核评估，如有必要，应对预投标单位的过往布展施工业绩项目进行实际考察，以确定其实际的布展施工能力。在通过招标程序选择确定展览施工单位的全过程中，博物馆的任何人不得以任何方式干扰或影响招标工作，以确保招标工作在公平、公正的条件下顺利进行。

7. 通过招标程序选择确定展览布展施工的工程监理单位

规模较大、投入经费较高的大型展览项目，在确定了布展施工单位之后，还需通过招标方式选择确定布展施工的工程监理单位。工程监理单位按照甲方的合同委托，代表甲方对展览布展施工单位的工程施工组织、工程计划进度、工程选材用料、工程质量的保障措施、工程施工的安全管理等各个环节，实施专业化的现场监督和管理，博物馆将能够节省许多的时间和精力。但就一般经费不多的中小型展览项目，往往不会安排专门的工程监理费用，这类展览项目布展施工期间的工程监理责任，只能由博物馆自行组织力量来负责实施。博物馆应选派熟悉展览工作程序，具有一定布展工程管理经验的同志来负责此项工作。按照施工合同的各项要求，对乙方的施工组织、计划进度、材料选用、工程质量、工程安全等各个环节实施现场监督管理，发现问题及时处置，以勤奋到位的现场监管来弥补施工专业监理的缺失。

8. 展览项目相关合同的审核签订

展览项目相关合同的审核签订，是展览项目运行中的一个十分重要的程序环节，必须给予高度的重视。一个工作程序比较完整的展览项目应该包含如下几个重要合同：《委托进行展览工程项目招标工作的合同》《委托进行展览形式设计的工程合同》《委托进行展览布展施工的工程合同》《委托进行展览布展施工工程监理的合同》《关于借用文物展品的协议合同》《委托进行文物展品运输的合同》《委托进行展品保险的合同》。除了上述的相关合同之外，根据展览项目的不同情况，还有可能增加一些其他方面内容的合同。合同具有法力文本的效力，对合同签订的双方具有相同的法律约束力。

通常情况下，委托设计或委托施工的合同文本，大都由被委托单位根据国家相关合同法的规定编制成制式的合同文本，提供给甲方，经甲乙双方协商议定后，签字生效。为了切实维护博物馆的自身权益，博物馆必须十分重视展览项目合同文本的内容研究，力争在法律法规支持允许的前提下，通过合同文本的内容表述，最大限度维护和争取博物馆的正当权益。以合同文本的具体、严谨、规范、完整的项目要求来争取和保障国家资金投入的收益最大化。在合同文本的审核过程中，要特别关注工程进度、工程质量、工程安全、文物保护、文物安全等关键环节的内容，要对上述内容条款提出明确、详尽、具体的要求，并对违反或不遵守上述内容条款约定的情况，规定出具体而明确的违约法则，使合同文本真正体现和维护甲方的正当权益。对于有条件的博物馆，上述工作应由博物馆聘请的专业律师或法律顾问全程参与完成。

9. 展览项目征询和听取相关专家学者的意见

博物馆在举办重要的展陈项目时，通过一定的程序和方式，征询和听取一些熟悉该项展览内容、具有丰富的办展经验的专家学者的意见、建议，为所办展览提供必要的意见参考，尽力避免出现涉及展陈内容以及其他方面的缺失或不足。实践证明，专家学者的诚恳意见，对博物馆的办展工作具有积极的作用。为了更好地发挥专家学者的作用，克服在聘请使用专家学者工作中的某些偏颇和不足，博物馆在征询听取专家意见的过程中，应从以下两个方面把控：

一是要认真把握聘请专家学者介入展览工作的阶段和时机。实践证明，在展陈的选题构思阶段和展陈的内容选材、编排、布局筹划阶段以及展陈内容设计与形式设计进行融合对接的阶段，是听取专家学者意见的最佳时机。适时地吸取专家学者的合理化建议，可以帮助博物馆在确定展览选题的过程中，思路更加灵活、视角更加广阔、所选主题更加鲜明；在展陈内容的选材取舍上，更加准确、更加贴近主题；在内容的构架编排上，更加严谨、科学、合理有序；在内容与形式设计的融合上，更加协调、统一和完美。

二是要把握好对专家学者的使用程度和使用范围，要注意适当合理地发挥专家学者在博物馆办展工作中的作用。既不应该轻视专家学者的作用，也不能不切实际地过分依赖于专家学者的帮助，更不能将展陈工作中的某些具体的工作责任也推给专家学者。在合理的范围、适当的工作节点上吸纳和听取专家学者的有益建议会极大地提高展览成功的把握。但也应该知道，任何一项展览来说，专家学者的作用只能是辅助性的，是对展览某个阶段工作的一种完善和补充。如果认识不到这一点，过度地去依赖专家学者，甚至让专家学者去承担他们所不应该承担的责任，事情就会适得其反。不但收不到应有的效果，反而会严重地影响和干扰博物馆正常的展览工作，极大地影响博物馆自身展览工作团队能力的正常发挥，严重挫伤他们的积极性，尤其是因专家学者因素而使展览出现问题的时候，往往因为找不到真正的责任者，而使工作陷入混乱。

10. 展览项目的总体组织运行管理

展览项目的总体组织运行、监督、协调、管理，是展览项目众多工作内容中最重要、最关键、最复杂的一个工作环节，这项工作的实质内容就是对整个展览项目的运行管理实施全过程的指挥和把控。该项工作一般要由博物馆负责展览工作的领导来担任。他必须全程参与该项展览所有工作程序、工作环节、工作步骤的策划制定；必须十分熟悉展览项目每一个阶段的工作内容和工作要求；必须十分了解各程序、步骤之间连接、交叉、配合的结点和工作要求；必须对展览项目所涉及的工程合同、过程质量、展品使用、场地使用、安全操作规范等所有专业技术的内容要求了然于胸。在展览项目全面铺开以后，要随时关注和把控整个项目的运行状况，要能够前瞻性地预见项目运行中可能出现的各种问题，预先制定出解决和处置的方案，努力保持项目在平稳有序的状态下运行。对意料之外的突发事件，要能够保持冷静和清醒的思维，善于从多角度、多层面地去观察和认识问题，看清楚问题的实质，尽快找到解决问题的方法和途径，果断地予以处置，最大限度减少和消除对展览项目运行的干扰和影响。

做好这个环节步骤的工作要注意两个重点：一是必须对展览项目的整个情况有非常准确的了解，没有对展览项目的全面了解，就不可能对项目实施全程的监督和操控。二是必须要有一支能够完全驾驭并有很强工作能力的展览工作团队，有了这样的一支工作团队，才是克服和解决展览工作中各种困难和问题的决定性因素。实践证明，再科学、再合理、再有效地解决问题的方案，也是必须要依靠人去操作执行的，因此，在任何情况下团队的建设都是最为重要的。

11. 展览项目的验收和总结

展览项目的验收和总结是展览项目工作的最后一个环节。展览项目通过对社会开放的形式，呈现给广大观众，接受领导和观众的观赏和评判，并以此来检验展览项目的成功与否。目前，在博物馆展览项目的验收和总结实践中，有一种不太正确的倾向应该引起博物馆的高度重视。这就是展览项目的验收中，只重视领导的意见而轻视观众的意见，只追求领导的认可和满意而忽视或不太考虑观众的兴趣和好恶，甚至把领导的意见和评判作为评价展览好坏优劣的唯一标准。长此以往，必然会使博物馆的陈列展览工作逐渐脱离群众，脱离博物馆的社会功能职责，脱离博物馆办展工作的正确轨道和方向。对于检验博物馆的陈列展览项目，领导的意见固然十分重要，但是评价一项展览成功与否的决定性意见永远来自观众，因为我们的展览不是做给领导看的，而是做给观众看的。因此，归根结底，观众的满意度和认可才是我们所办展览成功与否的真正标准，因此，博物馆必须要有清醒的认识。

在验收和总结这个步骤环节中有两项重要的内容：一是展览资料的收集建档。资料收集包括：展览的创意策划方案、展览的全部招投标文件、展览的各项施工合同文件和展览

所涉及的文物、展品的借用、调用、运输、安全保障等相关的协议、合同以及领导、专家、各界观众对展览的意见、建议、评价等。展览档案是博物馆的重要业务资料，对于博物馆的长远建设与发展具有重要意义，因此，每项展览都应存留完整的档案资料。二是对展览项目成功与不足的认真分析，总结展览的经验，对于以后的展览工作会有很大的帮助，但对于展览的不足的认真分析更重要，更应引起办展人员的高度重视，要全面认真地分析展览的缺陷或失误，找到造成工作失误的原因，吸取工作失败的教训，制定出改进的措施和方案，在不断的改进中，逐步提升本馆的办展工作水平。

博物馆的展陈运行管理工作尽管十分复杂，但再复杂的工作也有其内在的规律。我们负责博物馆展陈工作的责任，就是要通过一个一个的展陈工作实践去认识和寻找其中的规律，并在此基础上培养和锻炼驾驭和管理展览工作规律的技巧和能力，不断提高博物馆展陈工作的水平，为广大观众制作推出更多更好的陈列展览。

第三节 文化教育展览的主题解读与展示方式

举办中华优秀传统文化教育展是培育社会主义核心价值观的一项重要举措，展览用博物馆语汇聚焦社会主义核心价值观的基本内容，注重对中华优秀传统文化当代价值的挖掘阐发，对观众特别是青少年观众具有重要的教育意义。打造一个内涵深刻、能够感动观众的传统文化教育展，需要深入解读展览主题内容，选择与主题内容高度契合的展示手段，这样才能实现良好的展览效果。本节以辽宁省博物馆举办的"字途——中华传统文化系列教育展"为例，解读展览主题和展示方式，探讨中华优秀传统文化教育展的策展思路。

辽宁省博物馆于 2022 年 5 月 31 日展出了"字途——中华传统文化系列教育展"。展览以时间脉络为轴，讲述了中国汉字的萌芽、产生、发展等过程，进而通过文字印证和讲述了中华文明的悠久历史和灿烂文化，是落实培育社会主义核心价值观，传承弘扬中华优秀传统文化的一项具体举措。展览的推出引发了社会各界的热烈反响，特别是吸引了学校和青少年的关注。

一、展览的主题解读

中华优秀传统文化教育展是一类弘扬主旋律、正能量的展览，其与博物馆相结合，通过真实的文物还原历史，向观众讲述中华文明的博大精深，潜移默化地影响并教育观众。这类展览是国家文物局重点推介的展览类型。2015 年，国家文物局启动"弘扬中华优秀传统文化、培育社会主义核心价值观"主题展览推介活动，至今已经连续开展了八年。几百个优秀展览入选这一推介活动，代表着国家对展览主题的认可。这些展览具有深入推广的价值，能够展示、传承和弘扬中华优秀传统文化、革命文化、社会主义先进文化，推进新时代爱国主义教育和公民道德教育，通过展览的传播力和影响力让浓浓的爱国情深入观众心中，让博物馆成为青少年接受教育的校外课堂。辽宁省博物馆自 2019 年起，相继有 4 个展览被评为"弘扬中华优秀传统文化、培育社会主义核心价值观"主题展览重点推介项目。

（一）展览的文化价值

文化价值是文化教育展览的基本属性和内涵，展览的文化价值是指展览呈现给观众的一种价值理念。传统文化展览基于对中华优秀传统文化的解读，在此基础上带给观众精神引导和价值引领。这类展览往往具有一定的影响力和教育性，通过文物展品对观众进行教育和影响。

"字途"展览以中国文字为切入点，通过介绍文字的演变历史向观众讲述中华民族的兴衰发展，展览选题本身就具有文化价值。展览整体分为"晨曦"与"风采"两个单元，两个单元是以时代和字体为依据进行划分的。"晨曦"单元主要介绍了殷商文明时期，甲骨文和金文的艺术特点以及文字背后所代表的那段历史文化。这一单元的文物主体分为两大类：在介绍甲骨文时，主要选取甲骨刻辞片等文物进行展示；在介绍金文时，主要选择青铜文物，比如虎爵、虎符、舌觚等青铜器物进行展示。在殷商时期，文字刻在这些器物上才得以保存下来。"晨曦"单元从文字的萌芽说起，向观众介绍了关于甲骨文的第一部著作《铁云藏龟》，介绍了对甲骨文研究贡献最大的两个人罗振玉和王国维，重点说明了礼乐制度。"风采"单元则重点展示了自西周之后文字的发展和变革，介绍了篆书、隶书、楷书、草书、行书的文字特点。在文物的选取上则有铜权、瓦当、封泥、册页，等等。在展示楷书、草书、行书时，展览设计使用了大量一级文物的图片进行展示，如张旭《古诗四帖》、王羲之《万岁通天帖》、苏轼《寒食帖》等作品以等大图片还原的方式进行展示，以期通过那段时期的代表性文物让观众体会展览的文化价值。

（二）展览的教育意义

"字途"展览的大部分观众是青少年，很多学校专门组织青少年到博物馆参观"字途"展览，并由历史老师进行专题授课。也有很多家长慕名而来，带着孩子在展厅参观。随着展览的不断宣传推广，越来越多不同年龄、不同职业的观众走进这个展厅。原本策展团队目标受众的定位是青少年群体，因为这个展览的普适性，其反而成为适合全体观众的展览。"字途"展览把教育性融合在展览中，通过文物介绍将历史常识向观众娓娓道来，教育目的反而没有那么明显了。这是"字途"展览最具特色的一点，如果其只是单纯说教型的教育展览，效果未必会好。

"字途"展览为了满足青少年的观展需求，认真分析了青少年观众的行为特点和文化水平。在设计展览内容时，加入了一些故事性的陈述，例如介绍了结绳记事的故事、造字的远古传说。在介绍各类青铜器时，通过历史故事引入文物特点，使讲解通俗易懂，符合青少年的心理特点。展览以教育为中心，但并非处处以说教为主，在介绍甲骨文和金文的关系时，展览通过讲述的方式而不是叙述的方式，让教育润物无声，温润青少年的心灵。在讲到封泥这个概念时，展览巧妙地将其与现代人的生活相联系，把封泥解读为类似现代电子设备锁屏密码的存在，这种解读非常形象生动，能够吸引观众的兴趣；紧接着又讲到封泥的历史，让观众不由得赞叹古人的智慧，惊叹中华优秀传统文化的魅力，教育的意义就自然而然地体现出来了。

（三）展览的审美启迪

博物馆除了是一个教育课堂，也应该是一个审美启迪的场所。每一个展览除了要实现文化价值、教育意义之外，还应该对观众的审美有所启迪，传统文化教育展亦如此。中华民族五千多年的悠久历史和灿烂文明带给人类的不仅是优秀的传统文化，还有人类对美的欣赏、认同和追求。"字途"展览最后部分选取的内容虽然不是真实文物的展示，但是同样具有重要的意义。每个展览的定位不同，不可能把想表现的所有文物都展现出来，策展团队选择文字在每个发展时期最有代表性的作品，以等大图片展示，一方面可以说明这段时期文字发展的特点，另一方面也可以带给观众美的享受。张芝的《冠军帖》、张旭的《古诗四帖》、王羲之的《万岁通天帖》等作品都是草书的代表作，这三幅作品图片的展示，能够让观众欣赏到不同的草书风格，对青少年认识草书字体、感受经典作品的艺术精髓具有重要的作用。展览在介绍行书的时候，通过排行榜的方式进行展示，第三名是苏轼的《寒食帖》，第二名是颜真卿的《祭侄文稿》，第一名是王羲之的《兰亭集序》。先不说这种排名是否具有严谨的科学依据，单是欣赏这些代表性书法作品就足以让人流连忘返。展厅中经常可以看到一些观众在现场拍照、临摹，或是给孩子们现场上书法课。展览对美的启迪作用是青少年受益终生的宝贵财富。

二、展示方式分析

"字途"展览尽管在体量方面并不是大型展览，但是同样可以看出策展团队的用心和专业。展览选取的近50件文物都是辽宁省博物馆的自有文物，在展陈设计和展示方面，策展团队也用了一些心思。

（一）形式设计精准定位受众

与博物馆以往的展览不同，"字途"展览的主打受众是青少年，因此其在展陈设计方面充分考虑了青少年的喜好和接受能力。展厅设计大面积使用橙黄色，这种颜色代表着青春与活力，给人以轻松愉悦的感觉，能够有效调动观众的精神兴奋点，也是青少年普遍喜欢的颜色。这种颜色的选用能够契合青少年的心理，带给他们更好的观展体验。展厅入口的序厅设计也一改往日博物馆高雅的设计理念，背景墙是橙黄色与白色相间的，上面设计了很多不同字体的文字，围绕着展览标题"字途——中华传统文化系列教育展"，引人注目。在文物展柜的设计方面，策展团队也颇费心思，通过"书信"的理念，将展柜设计成明信片的样式，用明信片承载历史的厚重，将代表时光、记录文明的文物展品通过明信片来传递，观众参观时好像收到了古人邮寄来的书信，展信见字，展信睹物，展信思情。展览整体设计与色调能够抓住青少年的眼球，体现了展览对受众需求的精准定位。

"字途"展览是辽宁省博物馆的"社教"团队策划设计的，展览的宗旨就是以教育为目的，为青少年服务，传承弘扬中华优秀传统文化。为了更好地体现教育的宗旨，同时体现多年来辽宁省博物馆教育活动的经验，展览设计中特别融合了社会教育活动的教育理念和方式。例如，展厅中设置了多处立体互动的展示项目，观众可以通过观看、触碰、情景代入等方式进行学习，既有实物教育，也有情景教育，充分体现了博物馆教育职能中"展教合一"的理念。

（二）展陈设计中体现人文关怀

展览的整体设计体现了人文关怀，符合青少年的特点。在内容设计方面，展览注重将历史常识、文化知识和展览主题内容通过文物、传说、典故、史实等相结合，以讲述而不是叙述和说教的方式呈现。为了让青少年能够深入浅出地理解文字的发展演变，"字途"展览以汉字的演变历史为主要轴线，用文物展示进行辅助。例如，在介绍甲骨文、金文、小篆、隶书、楷书、草书、行书等汉字几千年发展演变的历程时，策展团队把甲骨、簋、爵、虎符、铜权、封泥、瓦当、汉砖、碑石拓片等各类文物嵌入整个时间轴线当中，实现了由字及物、由物说字的展示效果。当观众参观到汉字某一发展阶段时，可借助展厅内的文物，一目了然地了解汉字发展的历史。

在形式设计方面，展览刻意营造了一种轻松温馨的观展氛围，展览说明背板和说明牌的字体清晰，文字表述准确，一些生僻字还加注了读音，整体设计风格也比较清新活泼，加入了一些可爱有趣的设计元素，让展览文字由单调、枯燥变得有趣、生动。展厅内，在地面和天棚的处理上，也处处体现出了温馨感，地面上的指示标识没有采用博物馆原有的那种箭头指示标，而是设计了文物造型的标志，非常有特色。

（三）数字技术应用满足受众需求

近几年，随着数字技术的高度发展，在国家大力发展"数字中国"，推动智慧博物馆

建设的大背景下，博物馆行业与数字技术的结合越来越紧密。云游博物馆、云观展、VR展厅等各类数字技术与博物馆、文物相结合，碰撞出很多具有博物馆特色的数字化项目。结合"字途"展览内容，辽宁省博物馆特别策划推出了传统文化故事2D动画《仓颉造字》，主要讲述了黄帝时期仓颉创造文字的故事，动画内容浅显易懂、生动有趣，通过线上播放，吸引了大量观众到展厅观展，起到了良好的宣传推广效果。在举办"文物·中华传统文化教育展"时，辽宁省博物馆设计制作了VR展览，得到了众多观众的好评。博物馆的观众也希望能有更多数字展览、数字项目出现，满足其在"读屏时代"的需求。

三、对文化教育展的思考

以"字途"展览为例，笔者通过分析文化教育展览的主题内容和展示方式，有以下几点思考：

（一）展览要有高度，有深度

博物馆是社会教育的一种途径，通过博物馆可以让观众了解历史，了解现在，进而了解未来。因此，博物馆展览，特别是文化教育类型的博物馆展览承载着更大的教育作用。通过举办有高度、有深度的文化教育展览，能够更好地实现对社会主义核心价值观的解读和传达，让更多观众特别是青少年通过展览涵养正气，了解中国的历史和文化，进而激发爱国之心，萌生强国之力。

（二）受众要有广度，有温度

一个好的展览总是能够吸引各种类型的观众，文化教育展览亦是如此。策划这类展览不应该限定受众的年龄和文化水平，应该想尽办法策划出能够满足社会大众普遍需求、适合任何观众的展览，力争让每一个观众到博物馆观看展览之后都能有所收获。这种收获有文化价值、历史价值、美学价值、教育价值，等等，总有一处能够打动观众的内心，这才是好的展览。因此，文化教育展不能拘泥于受众的年龄，文化教育展览在内容策划和形式设计的时候要避免低幼化，要具有一定的普适性，特别要注意语言文字的表述应准确而精练，避免大量选取未经考证的故事、传说等网络内容作为展览展示的内容，要选取典型的、精准的观点进行陈述，可以用通俗易懂的语言讲述枯燥的内容，要对观众进行正确的引导。

（三）传播要有角度，有气度

有一些文化教育展因为规模较小、展期时间短、投入较少等原因，设计较为仓促，不够精彩。其实，这类展览不一定非要大制作，只要主题突出、目的明确、内容准确，策展团队用心用情,就可以设计出短小精悍而又意义深刻的展览,而且这类展览也具有很强的传播力和影响力。关键要抓住展览的配套项目进行开发,无论是内容丰富的社会教育活动,还是设计新颖的文化创意产品,都是展览的加分项,也是展览能够多角度传播的有效助攻。博物馆在设计文化教育展览时,在设计之初就可以利用媒体进行前期宣传报道,增加曝光度,吸引观众的注意力,同时,如果能设计一些可以贯穿展览始终的社会教育活动,更能达到事半功倍的效果。

第四节 博物馆陈列展览中红色文化教育的融入

博物馆是一个国家、民族和地区的历史文化积累,对于我国革命博物馆来说,红色文化教育是其主要的工作内容。红色文化记录了中国共产党的革命历史,是近些年来民族精神的重要来源,它不仅展现了我国优秀的传统文化,还对社会主义核心价值观发挥了重要的导向作用。文物是博物馆的重要组成部分,博物馆开展相关工作的过程中,通常围绕文物来展开。博物馆在进行文物陈列展览过程中,应该注重融入红色文化教育,充分发挥博物馆文物展览的社会教育功能。

一、在博物馆文物陈列展览中开展红色文化教育的作用

(一)红色文化教育可以进一步体现文物陈列展览的重要价值

文物作为重要的文化载体,记录了历史的发展,有着深远的教育意义。博物馆中的文物数量众多,类型多样,其本身价值也各不相同,有的具有历史价值,有的具有艺术价值,所采取的文物陈列展览方式也有多种。博物馆中的很多文物都具有红色文化教育价值,在文物陈列展览的过程中,应该注重挖掘文物的历史记忆。近些年来,更多博物馆意识到红色文化教育的重要性,通过对文物进行展示,并安排相关工作人员对文物所蕴含的历史价值进行讲解,尤其是大力宣传其中的红色文化,极大地丰富了红色文化的教育内容,进一步体现了博物馆文物陈列展览的教育价值。博物馆的红色文化教育,可以更好地培养中华民族的爱国情怀,塑造积极向上、奋斗进取的社会精神面貌①。

(二)红色文化教育是精神文化建设的重要内容

当前我国经济迅速发展,国民生活水平逐渐提高,人们的物质文化生活得到了极大的

---

① 张彦.基于博物馆红色教育的功能开发探究[J].办公室业务,2019(9):174.

丰富，但精神文化方面还有待提升，越来越多的人追求更加丰富多元的精神生活。红色文化是重要的精神食粮，蕴含十分丰富的精神内涵，革命先辈的精神品质是值得学习的，可以激励人们不断奋斗前进。博物馆要发挥其文化教育功能，响应国家号召并顺应时代潮流，积极开展红色文化教育的活动，丰富人们的精神文化生活。同时，博物馆要切实贯彻政府对于精神文化建设的要求，充分体现博物馆在文化事业中的作用，推动我国实现"五位一体"的战略目标。

（三）红色文化教育可以促使红色文化得到继承和发扬

红色文化是非常宝贵的，是中国共产党经历无数艰苦斗争形成的文化，已经融入中国发展的各个阶段，成为国家事业发展进步的巨大精神动力。但是也应该看到的是，当前红色文化逐渐被一些人所忽视，尤其是青少年阶段的人群，他们对于红色文化没有足够的兴趣，对中国革命历史缺乏深入了解。面对这样的现实问题，博物馆要更好地发挥宣传教育作用，采取多种多样的宣传教育工作方式，让青少年认识到革命先辈们进行革命斗争的艰辛历程，更好地继承和发扬红色文化精神，为国家的繁荣发展贡献自己的力量。

二、博物馆利用红色文化开展爱国主义教育

（一）博物馆要充分发挥红色文化教育的作用，弘扬红色文化

博物馆作为公共文化机构，在实际运营中发挥着重要的文化教育作用。博物馆记录了国家和民族艰苦卓绝的斗争历史，能让人们体会到如今美好生活来之不易，有利于培养当代人们的爱国情怀。博物馆中工作人员对于相关文物的讲解，可以让人们更加真切地感受我国的红色文化，更好地铭记历史，不忘初心。同时，博物馆不仅可以发挥对我国历史文物的保护和展示作用，还可以发挥文物展示的功能，在我国现代教育中发挥重要作用，便于开展后续的教育工作。博物馆举行红色文化教育活动的主要受众是青少年。青少年具有旺盛的活力，借助文物介绍红色文化，讲解革命先辈们艰苦卓绝的奋斗历程，可以更好地培养青少年的爱国情怀，珍惜当下美好的生活，并努力学习知识，更好地建设祖国。博物馆针对青少年开展的红色文化教育，可以与其学习生活相结合，便于其更好地接受历史文化知识，提高学习兴趣。另外，青少年通过对中国共产党奋斗历程的学习，可以更好地提高自身的民族自信心，增强民族自豪感和文化自信。比如，博物馆针对平津战役开展红色文化教育活动时，可以让青少年进入博物馆去参观相关文物，并观看平津战役的相关历史影像和影视作品，使其真切地体会到当今幸福生活来之不易。同时，博物馆可以安排工作

人员，对文物的来历和背景故事进行讲解，使青少年深切感受到中华民族的伟大发展历程。通过这些形式的学习，可以更好地培养青少年的爱国情怀，将自身与国家命运结合在一起，努力学习科学知识，共同筑就中华民族美好未来。

（二）博物馆要充分利用馆内丰富的文物，进一步提高服务水平

开展红色文化教育工作有多种形式，不仅可以通过博物馆工作人员对历史进程进行讲解，还可以围绕博物馆内的文物展开。博物馆作为我国重要的公共文化机构，存放着许多蕴含历史文化的文物。前往博物馆参观的人们不仅可以通过文物展览进行直观观看，还可以通过观看相关影视资料，更加真实地感受历史的相关场景，更好地理解革命先辈们的爱国情怀，便于培养人们的爱国精神，增强中华民族的凝聚力，提高文化自信和历史自信①。

为了更好地传承革命先辈们的红色文化，近些年来，我国陆续建立了上百座革命文化博物馆，并通过博物馆来激发人们的爱国热情，促使人们体会革命先辈们艰苦卓绝的斗争历程，培养爱国情怀。同时，博物馆内存放的相关文物和历史资料及相关影视作品，都可以对前往博物馆的人们进行红色文化教育。另外，革命文化博物馆内还存放着部分革命先辈们使用过的武器和生产工具等，不仅反映了革命先辈们的艰苦生活和在艰苦环境下的爱国情怀，还可以使人们真切地感受到当时的战争，更加深刻地体会到革命先辈们的不易，懂得珍惜现在的美好生活，立志通过自己的努力为国家建设作出贡献。

近些年来，我国开始注重精神文明建设，为了满足人们对于精神文化生活的需要，更好地发挥红色文化教育的效果，我国很多博物馆都已经免费开放，为人们进入博物馆学习红色文化知识创造了良好的条件，激发了人们接受红色文化教育的热情，大大提高了人们对革命博物馆的关注度。博物馆的管理人员也应该抓住这一重要的机遇，积极开展红色文化教育，宣扬红色文化精神。博物馆的管理人员可以举办红色文化活动，并邀请革命先辈进入博物馆，为参观人员讲解自己的革命故事，使参观人员真切地了解红色文化的内涵。另外，博物馆的管理人员也可以邀请我国红色文化教育方面的专家，对一些重大革命历史进程的细节和意义进行详细讲解，使参观者获得更为丰富的红色文化知识。

三、在博物馆文物陈列展览中融入红色文化教育的具体策略

（一）充分利用文物藏品优势，大力开展红色文化教育

文物是博物馆的重要组成部分，是博物馆进行文化教育的主要工具。博物馆中珍藏的

---

① 屈晓宁. 思政教育功能在红色博物馆的探索 [J]. 长江丛刊，2017（11）：142.

红色革命文物类型多种多样,有遗物、手稿、音像、报刊等,可以说这些文物都见证了红色文化的不断传承,并且数量众多,有着丰富的内涵,每一件革命文物都是一笔宝贵的精神财富,能够调动广大人民群众的爱国情感,也能激励广大党员干部不忘初心、牢记使命、砥砺前行。所以,博物馆在进行红色文化教育的过程中,必须借助馆内存放的相关文物。与历史影像和文字资料相比,博物馆内的文物资源可以使参观者真切体会到历史的厚重感,便于红色文化教育工作的开展[①]。现在我国很多博物馆都已经成为爱国主义示范教育基地,博物馆在文物展览的过程中,要将文物藏品与红色文化教育紧密结合起来,介绍革命文物,讲述红色故事,使文物陈列展览更加具有生动性和实效性,要能够真正吸引广大群众融入文物,跨越时空的阻碍,对当时的革命场景产生深刻的感受,感触革命先辈的爱国主义情感和不怕牺牲、勇于抗争的精神。

(二)不断创新传播方式,全方位增强红色文化感染力

博物馆是一种特色的文化场所,在新时期也是重要的爱国主义教育基地,为了更好地传承和弘扬红色文化,全方位增强红色文化感染力,博物馆需要不断创新传播方式,提高工作水平和工作质量。以博物馆内文物资源展开的红色文化教育,更加具有真实性,蕴含着历史的厚重感,有助于激发参观者学习红色文化知识的热情。博物馆在文物展览和宣传的过程中,为了更好地弘扬红色文化,应该充分地展现红色文化的历史样态,要对红色文化的历史内涵进行深入挖掘,创新运用多样化的传播方式,同时提供更优质的服务,这样才能真正吸引观众,让观众愿意来、用心看、有收获。另外,博物馆要发挥重要的社会教育导向作用,坚持宣传正确的政治方向,充分利用各种红色文化素材,开发有价值的红色文化资源,比如要注重讲好红色故事,生动讲解革命英雄事迹,通过文物资源结合相关人物的背景故事的教育形式,更好地激发参观者的爱国情感,实现更好的红色文化教育效果。

(三)积极组织主题教育,发挥博物馆社会教育作用

当前,随着博物馆发展受到越来越多的关注,我国博物馆的数量和规模都有了显著提升,其功能和展示形式也逐渐向多元化方向发展。对于传递红色文化知识的革命博物馆来说,为了促进文物展览形式的进一步丰富,应该积极组织开展多元化的红色文化教育活动,发挥博物馆社会教育作用,更好地提升教育效果。博物馆可以充分利用各种重要的时间点开展主题教育,比如国庆节、建党节、建军节或者抗日战争胜利纪念日等,使主题教

---

① 常成.红色博物馆思政教育功能的探索[J].学习月刊,2018(16):33.

育更加具有针对性。在红色文化教育活动开展的过程中，要面向全体人民群众，特别是要重视对青少年的教育，比如要积极接纳青少年入馆参观文物，借助馆内丰富的文物资源，比如抗日将领的服装和作战工具等，介绍八路军、新四军的斗争历史，或者开展庄严的纪念仪式，缅怀革命先烈，悼念革命英雄，这对于培养青少年的爱国情怀具有重要作用。

（四）充分运用现代信息技术，不断创新文物展览方式

在当今信息化时代背景下，很多领域都发生了巨大的变化，博物馆要想更好地开展红色文化教育，也需要改变传统的文物展览方式，摆脱线下展览空间和时间的约束，充分运用现代信息技术，发挥信息技术的独特优势，实现对展示方式的创新。比如，使用现在发达的多媒体技术，全面、直观地展现当时战争年代的相关场景，提高参观者接受红色文化知识的积极性，便于工作人员教育工作的进行。另外，还可以通过三维虚拟技术，对相关文物进行全景式的展示，强调参观者与文物的接触体验，突破线下展览时参观者无法触碰文物的限制，使人们更加真切地感受到战争年代的艰苦生活。最后，信息技术与博物馆的结合，可以更好地推动数字博物馆的建立。依托互联网平台，博物馆可以推出云展厅、云直播等多种新颖的展览方式，同时巧妙融合红色文化知识，这样一定可以更好地开展红色文化教育，切实增强博物馆的社会教育效果。

在我国博物馆中，革命博物馆是个比较常见的类型，在全国范围内都有建造，在革命根据地等地区广泛存在。革命博物馆的主要目的就是开展红色文化教育，培养参观者的爱国情怀，丰富人们的精神文化生活。而博物馆的工作人员，可以借助馆内存放的文物资源，开展各种形式的红色文化教育活动，如通过邀请革命先辈和相关领域的专家进行讲解，提高红色文化教育的效果，使人们尤其是青少年体会到革命先辈们的艰辛历程，从而更加珍惜现在的美好生活，努力学习科学知识，培养爱国主义精神，为实现中华民族的伟大复兴而不断奋斗。

第四章 博物馆文创产品教育功能及开发营销

第一节 博物馆文创产品的教育内涵与功能

随着国家对文化传承的重视,博物馆越来越注重发挥其教育功能。博物馆在长期发展中衍生出的文创产品,承载了博物馆的发展文化,并可为博物馆带来一定的经济效益,可实现经济效益和社会效益的双赢。随着社会文化的不断发展,群众对文创产品的要求越来越高,文创产品的教育传承价值也越来越大。文创产品发挥教育功能成为博物馆实现社会效益的一个重要途径。

一、博物馆文创产品的教育属性及教育内涵

博物馆文创产品结合文物所蕴含的文化及其造型、结构、功能、美学等进行创新设计,通过产品的形式表达和传播文化内涵满足公众文化需求。文创产品是一种消费型创意生活产品。其主要功能依托使用价值实现:消费者购买文创产品后,可以通过读、看、思考等方式接收文创产品的基础信息,再转化为个人素养、个人知识。整个转化步骤具有教育价值,因此博物馆文创产品具有鲜明的教育功能。

博物馆文创产品可看作是博物馆教育的一个延伸领域,具有其独特的创作空间和设计思路。博物馆文创产品可以利用丰富的历史文化知识传承文化价值,向受众者传递良好的民族价值观,也可以成为观众与博物馆连接的纽带而进行教育延伸,具有不可替代的教育价值。结合博物馆文创产品的教育属性进一步分析其教育内涵,可分为四种:第一种是知识内涵。博物馆设计文创产品时大多会根据自身的特色,提取具有代表性的内部藏品特征,为其附着相应的自然科学、人文历史等知识信息,形成鲜明的特色,从而获得良好的教育效果。第二种是文化内涵。文化内涵可以代表一个国家在一段时间内形成的基础理念和思想,映射群体的文化活动,但不是一成不变的。文创产品的设计会牢牢抓住博物馆的文化特色,结合符合当代中国价值观的时代解读,展现优秀的历史文化内涵。从广泛意义上讲,文创产品可以反映时代特征,弘扬时代美学,宣传优良的历史思想。第三种是精神内涵。国家文化软实力与国家文化特殊魅力的展现息息相关,文创产品则是国家文化魅力的优秀载体。博物馆可以在文创产品设计提炼阶段结合爱国主义和时代精神进行全方位考

量，唤起受众群体对中华优秀文化的传承与弘扬意识。第四种是能力内涵。博物馆文创产品的设计注重培养受众的知识学习能力，尤其是未成年人的观察、认知、动手等多方面能力。

二、博物馆文创产品主要教育功能

（一）知识传递功能

博物馆文创产品的开发与博物馆的实际发展目标相符，都注重知识的传播和文化的传承。但博物馆文创产品与其他产品有一定的区别，其更注重教育传承价值。文创产品可通过巧妙的设计充分吸引观众的兴趣，从而使该产品传递的知识在观众脑海中留下深刻的印象，在知识传递上具有不可忽视的价值。博物馆可以通过优秀的文创产品，向观众传授相关的知识，帮助观众更深入地理解展览的价值，并通过观展的观众带动潜在的观众进入博物馆汲取知识，形成知识传递的良性循环。

（二）优质美育功能

将展览元素进行重新组合或借鉴博物馆本体建筑的美学，赋予其新的文化意义，使其成为新的视觉审美元素，并运用于文创产品的视觉设计，可以给观众带来全新的审美体验。观众可以体会文创产品的新生价值，例如文创产品的造型、图案、颜色等，使其与文创产品形成审美共鸣，从而寄托自身情感，提高与文创产品接触的兴趣。展览配套文创产品设计人员在设计过程中需要与相关的策展人进行有效的沟通，充分了解该展览的文化亮点，实现良好的视觉转化，避免设计的产品有生硬感，应巧妙地突出亮点，以提高观众对产品的审美认同度，并通过产品提高观众的审美意蕴，使其养成良好的审美素养。

（三）思想教育功能

观众购买文创产品的一个重要驱动力是与文创产品产生一定的共鸣，即能够与其进行情感交互，调动自身情绪，从而萌发购买的欲望。因此，文创产品也可以看成一种情感媒介：承载优秀思想，联结观众情感，并进行有效的思想教育。优质的文创产品需要有一定的思想高度，能给使用者带来正能量。因此，设计人员在设计之前必须明确该文创产品的核心内涵，寻找具有背景故事且有教育意义的展品作为灵感来源，提高文创产品的思想教育价值；在造型设计时，可以选择展品本身或背景故事中的某一特色鲜明的形象作为产品原型，结合现代美学的同时融入历史意蕴，激发观众与文创产品核心内涵的情感共鸣，引导观众形成良好的思想价值观。

第二节　博物馆文创产品教育发展的策略

一、挖掘博物馆文创产品教育价值

群众对文创产品的需求直接影响文创产品后续的发展。目前，大部分博物馆在设计文创产品时，通常将展品作为核心进行设计，设计偏重于知识内涵的体现，而易忽略群众对精神内涵、文化内涵、能力内涵的需求，因此无法达到理想的教育目标。从博物馆发展角度来看，要重视群众对精神文化教育的需求，站在群众的角度思考问题，以博物馆文化和时代精神作为基础条件，通过设计有趣的使用形式以丰富能力内涵，增加博物馆文创产品的教育影响力。

博物馆文创产品和普通文创产品存在区别，其可以充分宣传历史文化，提升文化服务质量。对博物馆文创产品进行合理应用，可以从自身的教育价值出发，挖掘博物馆文创产品的教育价值，满足群众精神文明发展的需求。例如，中国国家博物馆推出的《博乐·元宵行乐》互动解谜书，以明代佚名画家创作的绢本设色画《明宪宗元宵行乐图》为灵感，结合当下流行的剧本杀设计故事线，通过 100 余道谜题、61 段真人拍摄视频、24 件实体道具展现明代图史，将近十件珍贵文物复刻成解谜道具，使读者通过游戏主人公的视角在解谜的过程中充分了解明宪宗、明英宗、明代宗、万贵妃、汪直等历史人物，谜题中融入历史、艺术、军事、戏剧、物理、几何、化学、生物、心理学等十余门热门学科，对读者的教育不再仅限于博物馆文物的范畴。为打破传统纸质书籍单一且枯燥的阅读模式，《博乐·元宵行乐》通过 APP 与实物书配合的形式增强互动感。充实的内容和创新的形式使得解谜书发售三个月即有千余读者登录 APP，并已有多位读者通关并撰写了测评（至元文创，2021）。

对于不同学科的教育，博物馆文创也应采取不同的方式。因此，在博物馆文创产品的设计生产过程中，需结合文物特性，合理融入现代技术，深层挖掘文创产品的教育价值。例如，敦煌研究院与腾讯共同发起的"敦煌诗巾"项目，将敦煌藻井的概念延伸到丝巾中，在符合当代审美取向的基础上保留敦煌元素，以叠加变化的方式创作丝巾图案。购买者可以通过小程序一键定制丝巾，通过对敦煌元素的缩放、旋转、位置调整等方式生成丝巾图案，在个性化设计图案的过程中使得自身审美能力和创造能力得到提升。丝巾图案生成后，系统还会根据图案的寓意自动生成三行诗，将美好愿望寄予敦煌诗巾，让古老的丝绸之路延续到日常生活，使购买者体会传统建筑、平面设计、诗歌文学的美感相通。

二、丰富博物馆文创产品教育开发方式

积极优化文创产品教育开发方式，增强各文创产品开发平台之间的互动性，可以为博

物馆文创产品教育开发工作提供更好的基础。在文创产品发展过程中，可以与博物馆展览相配套，也可开展文创设计相关活动，通过线上线下相结合的方式，拓宽发展路径，使更多人成为博物馆文创产品的受众，享受文创产品带来的教育价值。例如，故宫博物院和北京广播电视台等出品的文化季播节目"上新了·故宫"，通过嘉宾与故宫专家搭配的形式走进故宫探寻其历史文化，并联手跨界设计师与高校设计专业学生，每期设计完成一款文化创意衍生品，使观众对于文创产品的诞生过程及文创产品与其背后文化的关系有了更深入的了解，提高了传统文化元素与现代教育的联结性，从而提升了故宫博物院在当代文化创意产业中所发挥的文化教育影响力。

博物馆还应积极顺应互联网发展趋势，运用先进的互联网技术进行文创产品开发。通过微博、微信等平台的调研与互动，博物馆文创产品的开发者能够及时地与观众进行互动，了解观众的需求，分析得出能够更巧妙融入教育元素的设计方案，使得文创产品的开发更具针对性。数字技术的发展还带来了数字藏品的兴起。文物对于大多数人来说是不可拥有的，然而通过对数字藏品的购买，普通民众也可在某种意义上拥有属于自己的文物。这种对原本遥不可及的事物的掌控感很容易使一般消费者产生购买欲及对于购得产品的亲近感，从而激发其对于产品背后文物知识的好奇心。例如，湖北省博物馆联合支付宝通过小程序发售"越王勾践剑"数字藏品，消费者可通过旋转、放大等功能，清晰观赏越王勾践剑上的纹路、宝石、刻字等，拥有与在博物馆中隔着玻璃相望截然不同的感受，而对于数字藏品的喜爱也能促使消费者希望亲眼见到"越王"的实物，从而走进博物馆，学到更多相关知识。通过技术创新方式还原古文物的样子，可使消费者离历史更近，满足消费者多元化需求，进而达到博物馆文化宣传和文创产品教育的目的。

三、提升博物馆文创产品的影响力

博物馆文创产品开发是博物馆文化内涵和服务功能的有效体现，是博物馆服务公众的有效手段和载体。博物馆文创产品的打造涉及博物馆运营管理方、品牌企业、设计机构等多方主体。因此，要让博物馆文创产品相关主体充分了解文化、地域和行业的特点，形成适合自身发展模式的文创产品开发流程和方法。例如，上海宝库匠心博物馆设计团队通过精心构思、实地调研，设计出具有独特创意和文化内涵且充满年轻人审美情趣的虎年创意手办，通过可爱的卡通造型吸引年轻一代的消费者走入博物馆，并以雕塑语言艺术形式展现老虎带来的好运与财富寓意，使消费者可以充分了解历史文化，推进博物馆文化创意产业高质量发展。

博物馆还可以从文创产品的设计、生产、销售等环节建立完备的社会监督体系和评价体系，以保证文创产品设计效果、文创产品质量，提升其影响力。例如，江西省博物馆的

"白色金子文化"创意产品系列,将展览中具有代表性的仕女图案结合日常生活用品开发了"女王高端定制"文创产品,设计了复古咖啡杯等系列产品。同时,江西省博物馆还将新干纹饰融入首饰设计中,设计了青花瓷系列胸针、凤凰耳饰、黄铜胸针等,形成具有文化影响力的套系,推动文创产品与文化创意产业紧密结合,进而打造具有影响力的博物馆文创产品。

文创产品属于文化传播的新兴方式。博物馆在文化传播过程中,需要做好文创产品创新工作,将人文教育作为核心内容,衍生出对于各个学科的教育内容,紧跟娱乐潮流,丰富产品形式,寓教于乐,发挥博物馆文创产品的教育作用。在开发博物馆文创产品时,需要明确教育属性的重要价值,让文创产品逐渐成为文物与博物馆的代言人,提升文创产业的发展动力。

第三节 博物馆文创产品开发与宣传营销

世界经济一体化大背景下,国家文化软实力在国际竞争中愈加重要。一个国家或地区的博物馆蕴藏着独特的历史文化和地域特征,博物馆在文化创意产品开发和宣传中有着得天独厚的优势,并且在文化传播、市场经济等层面都有着巨大的价值,对于国家文化软实力的提升有着极大的促进意义。因此,博物馆要把握住文化创意产品开发和宣传的优势,充分发挥文化创意产品的价值,运用行之有效的开发与宣传营销策略,不断提升博物馆核心竞争力和文化影响力。

一、博物馆文化创意产品开发与宣传营销的优势

(一)丰富多样的藏品资源是文化创意产品开发源源不断的灵感来源

相较于其他想在文化创意产业市场占据一席之地的企业来说,博物馆内藏品资源不仅极其丰富,而且每个地域的藏品特征、文化面貌不尽相同,这为博物馆文化创意产品的开发、设计以及宣传营销提供了灵感。一方面,博物馆在提取藏品表层信息,如色泽、图案、造型等元素的基础上,深入挖掘藏品背后所隐含的时代价值和文化特征;另一方面,博物馆可以借助互联网平台,以问卷调查的形式,让大众群体针对藏品信息选取最符合大众审美的藏品,再从中选取排名靠前的藏品将其具有识别性的元素提取出来,开发成为博物馆文化创意产品。可见,博物馆中的藏品资源是其文化创意产品开发的灵感来源,博物馆在充分挖掘藏品信息的同时,也要了解藏品背后的内涵和寓意,建立藏品与大众群体情感共鸣的联结点,让藏品所蕴含的文化精神以文化创意产品的形式走进大众群体。

（二）学术资源为文化创意产品的开发与宣传营销提供了技术保障

博物馆在具备丰富多样的藏品资源的同时，还拥有一支专业且稳定的学术队伍，这些学术资源同样是其他开拓文化创意产品市场的企业无法比拟的。博物馆内的专家学者以发展的眼光，对各类学术资源进行整合，成为博物馆文化创意产品开发和宣传的技术支持，使博物馆文化创意产品更具前瞻性。

（三）信息技术的广泛应用为博物馆文化创意产品的宣传营销提供了更大平台

博物馆本身就具有很好的口碑和很大的知名度，信息技术的飞速发展也为博物馆文化创意产品的宣传营销提供了更大的平台。博物馆要建设和维护好自己的博物馆商店，使文化创意产品更具权威性。此外，博物馆要不断拓宽网络销售渠道，建立官方性质的文化创意产品销售网站，变被动接受参观为主动产品展示，向人们展现更多、更优质的文化创意产品，使大众群体对文化创意产品有更全面、更深入的认知，为文化创意产品争取更多的潜在客户，为销量的提升奠定基础。与此同时，博物馆应充分发挥网络平台优势，为大众群体搭建交流平台，由单向信息传递向双向信息交流转变，汲取大众群体中有益的意见和建议，使文化创意产品的开发与宣传营销在群策群力中更有成效性。

二、博物馆文化创意产品开发与宣传营销的价值

博物馆文化创意产品开发与宣传营销的价值主要体现在文化、传播、市场和经济四个层面。

（一）文化层面的价值

博物馆文化创意产品的设计、开发和宣传营销是一项庞杂的系统性工程。文化创意产品是对博物馆核心文化和藏品资源内涵的延伸，蕴含着丰富的文化底蕴和精神内涵，能实现博物馆的文化宣传和教育功能。

（二）传播层面的价值

博物馆文化创意产品是中华优秀传统文化和民族精神的载体，将藏品的历史意义和人文精神融为一体，并以通俗易懂的形式传递给大众群体。博物馆文化创意产品无论是在挖掘、开发、设计，还是在购买、体验等各个环节，都实现了对文化的传播作用。设计者、开发者赋予文化创意产品更多深意，消费者在潜移默化中受到博物馆文化创意产品内涵和精神的熏陶，这也是增强国家文化软实力的有效方式。

（三）市场层面的价值

一方面，博物馆文化创意产品的开发与宣传营销等各环节，都要投入相应的人力、物力和财力，在一定程度上带动了经济的发展。而且博物馆文化创意产品与市场中的一般商品相比，更具市场竞争力和人文价值，随着国家加大对中华优秀传统文化的开发和宣传力度，未来会有更多专业人才加入文化创意产品的研发队伍。

另一方面，伴随着人民日益增长的文化需求，博物馆文化创意产品的需求量大幅增长，文化创意产品在市场经济中的价值也得以彰显。博物馆应做到对消费者特点和需求的充分了解，这样才能更好地满足不同消费者的文化追求，研发出更符合市场发展的文化创意产品。

（四）经济层面的价值

博物馆虽不是营利机构，但其文化创意产品的开发、生产、宣传、售卖等一系列过程属于商品范畴，这也使博物馆文化创意产品具有了相应的经济价值。博物馆借助文化创意产品的发展使资金短缺问题得到了有效缓解，同时为博物馆提升自我文化服务提供了资金保障，可见文化创意产品有效拉动了博物馆的经济增长。运用战略性眼光开发和宣传博物馆文化创意产品，有助于博物馆的可持续发展。

三、博物馆文化创意产品的开发与宣传营销策略

（一）博物馆文化创意产品的开发策略

1. 重点培养和选拔一批博物馆综合型人才

文化创意产品本身被赋予了丰富的文化价值和社会功能，开发文化创意产品不单是对文化的继承和弘扬，更是一种新型经济结构的建立和发展，能促进社会主义文化市场的可持续发展。因此，博物馆在加强文化创意产品开发方面，要重点培养和选拔一批博物馆综合型人才，其既要对博物馆中的藏品有深入的了解，挖掘藏品隐藏的人文价值和社会属性，又能精通博物馆的业务技术工作，实现博物馆文化创意产品的科学开发和长足发展。

2. 广泛借鉴开发经验，探索文化创意产品多元化的开发路径

在对博物馆文化创意产品进行开发时，可以根据博物馆的藏品特点和开发需求，学习和借鉴具有丰富开发经验的博物馆的策略，实现文化创意产品的多元化开发和发展。美国在20世纪中期就开始探索博物馆文化创意产品的开发，美国大都会艺术博物馆在2017年的总收入超过了3亿美元，在美国文化教育中发挥着重要作用；世界四大博物馆之首的卢浮宫博物馆，在很早之前就建立了网上商店，经营与博物馆文化相关的商品，包括馆藏品

的复制品、工艺品以及各种配饰等，有效弥补了财政拨款的不足。国内博物馆的文创产品的开发，除了应学习和借鉴西方发达国家的开发经验，对我国拥有丰富开发经验的博物馆更要好好学习和借鉴。在国内提起文化创意产品就不得不提故宫博物院，故宫博物院找准了传统文化与现代生活的契合点，开发出了融趣味性、知识性、历史性和实用性等为一体的文创产品，吸引了大量消费者的关注；恭王府则与国内动漫品牌"阿狸"联合，开发了八大品类"恭王府×阿狸"文化创意产品，联合推出的文化创意产品围绕恭王府最知名的"福"文化品牌，受众主要针对青少年群体，包含了玩具、饰品、文具等，这些新式文化创意产品十分接地气，受人喜爱。除了线下在恭王府礼品店进行销售，线上天猫阿狸旗舰店也同步销售，让博物馆的文化资源真正走向了百姓生活，让传统文化的艺术衍生品成功传播，也带动了恭王府旅游文化的宣传。所以，无论是国外经验还是国内经验，只要是适合博物馆文化创意产品开发的经验都是好经验，博物馆都应根据自身实际开发情况和开发需求进行学习和借鉴。

3. 优化政策环境，提供文化创意产品开发政策上的支持

为保障博物馆文化创意产品的开发，国务院制定了《关于推动文化文物单位文化创意产品开发若干意见的通知》并实施，各地方应加快制定文化创意产品发展的法规政策，为文化创意产品的开发提供政策支持。首先，建议将博物馆文化创意产品开发纳入当地文化发展总规划中，并结合当地社会经济发展整体趋势，为博物馆文化创意产品开发指明方向，促进文化创意产品开发的科学性、系统性发展。其次，政府应增强博物馆文化创意产品开发的重视程度，在对博物馆进行整体性评估和考核时，要将文化创意产品开发作为重要的考量对象，促使博物馆文化创意产品开发工作更有成效性。最后，完善博物馆分配激励机制，针对博物馆文化创意产品研发团队，博物馆有必要完善相关制度，鼓励专业人才在文化创意产品开发工作中发挥创新精神和创造力，建立科学合理的绩效工资制度和利润分配机制。例如，博物馆可以将文化创意产品经营所得中的一部分，用在对人才的培养和激励方面，提高专业人员的研发能力和管理素养等，从而达到提高博物馆的核心竞争力的目的。

（二）博物馆文化创意产品的宣传营销策略

1. 提高版权意识，加强文化创意产品的品牌建设

博物馆在做好文化创意产品开发、生产等工作的同时，要将文化创意产品做成品牌，并加强对文化创意产品品牌的建设和宣传，运用行之有效的营销策略来打响品牌知名度，使品牌受到消费者的广泛关注和认可。

一方面，中国人的版权意识薄弱，在博物馆中也存在版权意识不强的问题，这也使博物馆的文化创意产品侵犯其他产品版权，或被其他产品侵权的事情时有发生，这势必会对博物馆的声誉带来不利影响。因此，在博物馆文化创意产品宣传营销过程中，要提高人们

的版权意识，倡导消费者购买正版、使用正版文化创意产品，这也是尊重他人劳动成果的具体体现。

另一方面，为使博物馆文化创意产品的品牌形象深入人心，应为文化创意产品打上具有博物馆鲜明特色的品牌标识，在建设好品牌文化的同时，做好对品牌的宣传、营销和公关工作，稳固博物馆文化创意产品在文化市场中的地位。

2. 合理定价，满足不同消费群体需求

文化创意产品属于提高生活品质、为生活增添情趣的产品，并不是生活中的必需品，其产品定价对消费者的购买行为产生直接影响。西方发达国家一些博物馆所售卖的文化创意产品动辄几万、几十万，这是因为博物馆为实现文化创意产品的高附加值，在开发、生产和销售时，聘请顶端团队进行产品设计、选用较高品质的原材料以及与知名品牌建立合作等，这也是其重要的宣传营销手段。国内博物馆文化创意产品的销量受价格因素影响明显，消费群体受消费能力影响，对文化创意产品的价格也有着不同的看法。博物馆要综合考虑文化创意产品的价值和消费群体的消费能力，合理定价，满足不同消费群体对文化创意产品的需求。同时，为加大目标消费群体持续购买的力度，博物馆可以在线上线下开展会员制、积分制、满减制等各种形式的促销活动，为消费群体提供多样选择的同时，增加博物馆文化创意产品的销售量。

3. 拓展网络宣传营销渠道，维护好与网络用户的关系

就目前文化创意产品开发较为成功的博物馆的经验来看，这些博物馆能够将自身文化创意产品做大做强，完成在短时间内对文化市场的快速占领，其中最明显的策略就是，充分发挥新媒体和网络平台在产品宣传营销中的优势。比如，现在提起故宫博物院很多人想到的就是其文化创意产品，故宫博物院的文化创意产品之所以能够成为备受瞩目的大IP，就是因为其把握住了新媒体和网络平台。故宫博物院单是在网购平台上就开办了4家店铺，不同旗舰店主打不同产品，从进入线下故宫博物院的门票到书籍字画、文化创意产品等，尤其"故宫淘宝"人气极旺，宣传到位了，产品的产量甚至跟不上售卖的速度。

同时，新媒体发展势头迅猛的背景下，博物馆要跟上发展的步伐，借助短视频平台、直播平台等进行广泛的宣传，为文化创意产品的宣传、销售积累大量的目标群体。此外，博物馆还要维护好与网络用户的关系。在微信公众号、微博等平台宣传博物馆文化创意产品的同时，在平台发布更好、更优质的博物馆藏品，调动大众对博物馆文化创意产品的兴趣，并建设好互动机制，与用户开展有效的沟通交流，针对用户的问题、意见和建议等给予积极及时的回应，拉近用户与博物馆间的距离。博物馆在互动中可以征集用户对文化创意产品发展的良好创意，群策群力，发挥大众的智慧，促进博物馆文化创意产品更好发展。

第五章 博物馆数字化建设的现实条件及建议

第一节 博物馆数字化的内涵及价值

文化自信源于深厚的文化底蕴，深厚的底蕴来自对优秀文化的保护和传承。博物馆是文化传承的纽带，是文化自信的根基。

一、博物馆数字化的内涵

随着信息技术的高速发展，人类进入数字化时代。数字化技术借助互联网，通过管理程序的专门设置，使用数字标准化对研究对象实现征集、处理和管理。博物馆数字化就是将其研究对象——文物，进行数字标准化征集，利用数字信息技术对文物实现研究、展示、宣传等。无论是博物馆工作人员，还是普通观众，都可以通过数字化信息平台进行研究学习，博物馆数字化建设使博物馆的藏品不受传统存放方式的局限，让文物藏品有了空间的延展性、时间上的可操作性[1]。

二、博物馆数字化的价值

新兴科技手段对人类和社会的进步都十分重要，数字化技术带来的优势和便捷体现在生活的方方面面。博物馆的数字化建设体现了重要价值，主要有以下几个方面：

（一）丰富了博物馆功能的实现

数字化的文物信息储存在大型计算机工作站中。在储存初期可以按照博物馆藏品管理分类标准进行归类，实现了文物信息的自动检索和管理，科学快捷，提高了效率。藏品的数据记录由传统的二维图片发展到三维立体模型，有利于藏品管理的发展。在虚拟展示中，一些博物馆在其网站提供数据检索和资料下载专区，为普通大众学习历史文化知识提供了新途径。实体参观和线上参观相结合，配合相关的远程讲座，建立数字化信息共享平

---

[1] 黄鹤. 疫情下博物馆开辟建设新思路分析 [J]. 文物鉴定与鉴赏，2020 (12)：114-116.

台，对博物馆资源进行有效利用，这些都促进了博物馆功能的实现。

（二）提高了公众的参与度

博物馆作为历史文化的重要教育和传播基地，是非营利性公共机构，政府对其建设投入了很大的力度。然而，很多人由于时间和空间的限制无法亲自到博物馆参观，有些人甚至没有参观博物馆的想法和计划。公众的参与度低，一方面不利于历史文化的传播，另一方面也是对公共资源的浪费。当今社会，很多人在休息时把大量的时间花费在电脑和手机等移动终端上，关注点是游戏、购物、电视剧、直播等。数字化建设将博物馆与当今人们热衷的休闲方式联系到一起，利用互联网提高了公众对博物馆的参与度。

（三）促进文博工作者学习数字化技术

数字化使用的设备和技术大部分不是为博物馆专门设计，而是满足多个研究方向的。博物馆无论作为社会机构还是研究场所，都有其特殊性和唯一性。目前，博物馆数字化工作很多都是聘请馆外专业人员来承担，他们虽技术优良但对考古学和文物等专业知识的理解与展现有一定欠缺。对于文博工作者来说，数字化使用的设备和技术操作比较陌生，后期与数字化相关的计算机编程和软件操作更是非常困难。数字化、人工智能等代表着一种新的方向，这需要文博行业工作者重视对数字化相关知识的学习。

（四）推动了中小型博物馆的发展

由于级别和地域的差异，目前我国博物馆的发展存在不平衡现象。国家级、省级博物馆无论在藏品展览规模、参观人数、专业人员配备、政府投入支持等各方面都明显优于地市级的中小型博物馆。不过，在这些中小型博物馆中，有些由于其区域历史文化特色适合开展精品展览。结合各级博物馆最大限度地让公共资源服务于社会和人民，实现博物馆建设的平衡、协调发展，是博物馆数字化建设的重要方向。利用数字化技术，建立区域博物馆的大数据平台，实现各级博物馆文物藏品和研究数据的共享。根据展览的特点，大型博物馆可以联合与展览内容直接相关的地方博物馆，进行线上交流与协调展览。不仅宣传了中小型博物馆的展览特色，还带动了中小型博物馆的发展和数字化建设，一定程度上可以弥补由于级别和地域带来的发展差异。

（五）推进了相关产业的发展

数字化技术的便捷与普及体现在我们身边的方方面面，博物馆数字化不局限于博物馆中。基于博物馆丰富的文物藏品和历史文化资源，结合互联网的传播渠道，延伸出一系列数字化文创项目。与传统的文创产业使用实体产品不同，数字化文创产品以电子书、网络游戏、动画电影等方式展现，满足了当今社会主流传播模式，公众参与度更高，获得方式更便捷，范围也更广。博物馆数字化建设带动了相关产业的发展，将历史文化价值转化成经济、社会价值。

三、博物馆数字化功能的实现

博物馆的主要功能是对文物藏品的研究、展示以及宣传教育，作为非营利的永久机构对公众开放，为社会发展提供服务。数字化技术丰富和优化了博物馆的功能。

（一）文物藏品的研究

文物藏品的研究者主要是博物馆专业的文博工作人员。众所周知，文物是珍贵的历史资源，不可再生。无论前期田野考古发掘，还是后期文物整理保护，整个过程不可逆。因此，文物藏品的研究需要工作人员在现场进行长时间精细化工作。文物藏品数字化最大的优势是改变了传统研究地点，实现无接触式办公。同时，文物藏品数字化扩大了传统研究范围，很多工作可以重复操作。目前，对馆藏文物的数字化主要体现在利用三维扫描技术获得文物的三维信息。简单地讲，如果相机记录的是物体的二维平面信息，那么三维扫描技术记录的就是物体的三维立体信息。以扫描获得的文物三维模型为基础，一方面增加了数据提取的维度，数据采集范围更加多样化，由原来的二维平面信息扩展到三维立体信息；另一方面，三维模型可以作为其他课题的基础多次使用，永久储存。例如，文物虚拟修复与保护、博物馆文物的虚拟展示、三维打印等工作[①]。

以文物的保护和虚拟修复为例。根据文物的材质和保存环境，有些文物出土后会发生变化。三维信息采集技术具有精度高的特点，可利用该技术对文物的损坏过程进行监测。先后采集不同时期的三维信息，对文物出土时和出土后的数据进行对比，可以得出文物的变化特点。同时，对无法搬入室内的室外石质文物和金属文物进行数字化高精度点云采集，生成立体模型，用于病害调查。破损文物的拼接复原一直是文物修复工作的重点和难点之一。经过成百上千年的地下埋藏，考古发掘出土的文物大部分都有残缺，发掘过程和后期研究也会有不同程度的损坏。文物的修复不仅需要工作人员有丰富的工作经验，修复过程还需要长时间多次重复尝试，工作量巨大。尤其是大型和珍贵文物的拼接复原，工作难度大、修复要求高。利用三维扫描技术对破损文物进行扫描数据提取，在计算机程序和软件中对碎片模型进行虚拟拼接，实现了大型和珍贵文物的反复拼接，既不损坏文物又提高了工作效率[②]。

---

① 王金. 基于三维扫描技术的计算机辅助陶器类型学研究 [D]. 北京科技大学, 2018：36.
② 谷立鹏. 三维数字化技术在文物保护中应用与作用 [D]. 文物鉴定与鉴赏, 2020（02）：74-76.

（二）文物虚拟展示

博物馆文物虚拟展示最大的特点是展览不受时间和地点限制。一些珍贵的文物可以全方位立体展示，降低了长时间展出对文物的损害。虚拟展示包括全景展示、视听介绍、VR（虚拟现实）、数字文字库等，弥补了人们无法亲自到现场参观的遗憾，参观者可以足不出户，利用先进的数字设备全方位地参观浏览，在一定程度上满足了人们的文化需求。

随着数字技术的飞速发展，虚拟展示无论从展示设备还是内容质量都在逐步丰富、提高。展览设备的多样性，带给参观者不同的视听体验。在博物馆虚拟展示中运用到的数字媒体技术，包括虚拟地球技术、3D建模和编辑技术、VRML语言和Web3D技术、360虚拟全景漫游技术、VR（虚拟现实）技术等，这些新兴的数字媒体技术是进行博物馆虚拟数字信息展示的条件。与此同时，虚拟展示内容不局限于传统的博物馆展示。一方面加入了考古现场和遗址等平时不向公众开放的场所；另一方面通过多种数字媒体技术，用不同的方式进行虚拟展示。例如，在对遗址的数字化展示中，观众利用VR眼镜能够看到遗址发掘的情况。目前，最新的数字化展示是遗址发掘过程的展示，这种展示方式不仅需要采集现场的三维数据，而且时时与遗址的空间数据相结合，因此对考古发掘现场的数据采集质量要求很高。这种最新的数字化展示方式能够全面地向公众展现考古发掘的各个阶段和取得的成果。

（三）宣传与教育

考古发掘现场、文物库房、考古所工作室等专业场所，一般公众很难进行现场参观学习。在这些情况下，对历史文物的宣传、对青少年进行考古知识的普及教育显得十分重要。

与传统博物馆宣传和教育模式相比，借助互联网通过多种数字化平台宣传有很多优势。首先，宣传渠道的多样性。不局限于博物馆官网，借助现今多种创新传播平台进行宣传，最大限度让观众享受信息时代的便捷。其次，宣传内容和手段更加多样。不同类型和不同地区的博物馆，可以根据本馆馆藏文物的特点，借助不同的数字化技术进行传播。从专业人员讲解、文物专家和普通参观者互动，到展览直播与文创产品选购；从微信公众号推送文字和图片，到直播过程体会到视觉与声音。最后，提高公众学习和参与的热情，最大限度发挥博物馆的教育功能。无论是宣传渠道，还是宣传内容和手段，都与当今数字化信息传播紧密结合。公众通过移动终端获得博物馆的各种信息，获得方式更加简便快捷，贴合社会发展，获取的内容更加丰富多样，一定程度上提高了公众了解和认识考古文物知识的热情。重要的是，能激发年轻人热爱并投身考古文博事业，推动考古人才的培养。

第二节　博物馆在数字化建设中面临的问题与不足

随着物联网、大数据、云计算、AR/VR、5G 等为代表的高新技术发展，博物馆数字化建设在展示场景上逐步实现了文物信息的可视化传播、原生情境的具象化重构与观展体验的沉浸式营造。虽然技术路线在不断迭代提升，但许多博物馆在数字化技术应用及发展理念上仍面临一些问题。

一、博物馆数字化建设面临的问题

博物馆数字化建设有着重要的价值，丰富和优化了博物馆功能的实现，但是也带来一些需要思考的问题。

（一）信息安全

信息安全问题是数字化建设面临的主要问题。相比其他行业，博物馆无论是从业者还是参观者，大多对计算机和网络技术熟悉程度较低。在进行"云博物馆"、博物馆 APP、大数据平台等项目的参与使用中，需要填写自己的姓名、性别、手机号等信息。有些软件带有捆绑信息，需要同意允许授权才能进一步使用。一方面，参观者的个人信息被暴露或是被使用都无法知晓；另一方面，也让人们对博物馆数字化处于观望或是怀疑之中。所以，在数字化高速发展的同时，需要高度重视信息安全问题。

（二）道德规范和法律法规

数字化技术丰富了博物馆功能，也使得信息传播、复制、修改的速度更快。信息的内容和传播方式是否符合道德标准和国家相关法律法规十分重要。博物馆作为社会主义文化事业的重要组成部分，在展示传统文化和民族精神，弘扬社会主义核心价值观，传播社会正能量上发挥着重要作用。但是，与传统博物馆功能的实现途径相比，数字化技术信息传播更加多元化，在内容审核和监督管控方面存在一些缺失。同时，数字化技术信息的复制、修改在研究发表、版权所属上，也存在争议。这些都需要健全相关法律法规，严格建立监督管理机制。

（三）数字化建设后期维护

与常设展览设施相同，博物馆数字化建设的设备、网站、软件等也需要时时更新维护。信息化时代，数字化及其相关技术飞速发展，博物馆之前的相关设备设施面临更新换代的危机，稍不注意就会出现设备老化、展览形式陈旧、软件出现漏洞等问题。大部分博物馆的资金有限，如何在有限的经费预算内完成数字化建设后期维护成为博物馆需要思考的问题。一方面，博物馆需要了解数字化建设的特性，紧跟社会热点，充分发挥数字化技术的优势。另一方面，培养专业技术人才，为博物馆工作人员提供相关培训和学习的机会，让数字化为博物馆更好地实现其功能服务。

二、博物馆数字化建设中存在的不足

（一）数字化技术开发着重于信息的单向展示，观众体验及文化传播效度有待提升

博物馆工作的核心是对文物所蕴含丰富价值的研究与传承，这一点不能因技术而改变。苏东海先生曾指出，技术只是方法，而不是目的，要警惕技术主义。但近年来，由于博物馆事业的快速发展、自身专业人才匮乏等原因，部分博物馆存在陈列展览制作中过度依赖展陈公司的现象。这些公司通过大量使用多媒体等高成本辅助展具设施以确保利润空间[①]。

在此背景下，博物馆的多媒体技术应用普遍采用以文物呈现为主体的高清投影、全息成像、"观众触摸屏幕反馈"等单向的传播模式，缺乏对观众兴趣的主体性激发与认知建构特点的关照。当展览过分依赖于声、光、电等技术，易让观众眼花缭乱、注意力全部集中于视觉特效，出现技术喧宾夺主的现象，从而影响展品文物魅力的展现与价值信息的传递。有研究表明，人认知事物最底层的作用机制是"隐喻"（相似性）和"转喻"（相关性）[②]。若无法建立新科技设备所传达的文物信息与观众自身相似或相关的人、事、物的认知联系时，则无法激发他们进一步浏览与探究多媒体的兴趣，利用科技使文物所承载信息活化的使命也无从实现。

（二）数字化建设支持仅依靠政府单一主体，文物数据开发的动力不足

我国博物馆行业各项业务工作的推进主要依靠政府提供财政资金、人力与技术保障，存在支持力量过于单一的问题。国有博物馆资金主要有四部分来源：一是本级财政预算；二是财政部每年下达的中央补助地方博物馆、纪念馆免费开放专项资金；三是中央地方共建国家级博物馆可获得中央财政的专项经费；四是其他专项资金[③]。因涉及藏品管理、展览展示、观众服务等多个层面，博物馆数字化耗费的资金量较大，但我国大多数博物馆仍

[①] 段勇. 当代中国博物馆 [M]. 北京：译林出版社，2017：95-99.
[②] 王小平, 梁燕华. 多模态宣传语篇的认知机制研究 [J]. 重庆交通大学学报（社会科学版），2015（6）：130-135.
[③] 周继洋. 上海博物馆数字化发展的问题与对策 [J]. 科学发展，2021（01）：67-74.

处于资金吃紧的现状。作为非营利组织，博物馆受限的资金与紧缺的人力极大阻碍了庞大数量的藏品与文化资源的数字化开发与利用。

(三) 数字化资源的利用趋于保守，文物资源的社会与经济效益有待挖掘

博物馆的公共性是其作为非营利机构的核心属性，而将其收藏的文物数字资源信息进行在线展示与利用成为公共信息民主化的重要一环。目前，博物馆文物数字资源开放已经成为行业的大趋势。许多世界知名的博物馆都相继加入了由知识共享组织（Creative Commons）发起的"CC0 无权利保留协议"（Creative Commons Zero），即放弃对于作品或藏品的著作权财产权利，公众可任意下载艺术品图片而不用支付版权费。与国际同行相比，我国博物馆在文物数字资源开放共享方面的力度有待增强。另外，不同场馆依据自身文物数据资源所创建的云展览、数据库、云课堂等公共文化产品及衍生的文化产业商品在数量与质量上存在较大差别，文物资源的社会与经济效益有待进一步挖掘。

第三节 博物馆在数字化建设中的创新案例及启示

一、以先进交互技术塑造观众的个性化体验

(一) 以视觉与语音识别技术构建观众与文物的关联与对话

美国博物馆学会（AAM）发布的《2015 年美国博物馆发展趋势》一文中指出，在后工业化时代产生的"民众个性化"趋势，将在个性化商品的生产、个性化内容的过滤、个性化体验的创造三个领域表现出来。未来的观众希望博物馆的产品、传播和体验能够根据他们的兴趣和需求量身定制。一些海外博物馆已经开始利用大数据收集分析、人工智能、移动互联、室内 GPS 定位系统等手段，根据用户画像和档案，开发智能推荐引擎，使博物馆资源与观众需求精准匹配，在参观路线、展品推荐、知识获取、语音导览深度研究等多方面提供分众化与个性化的服务，帮助观众建立属于自己的收藏库，开辟个性化的学习路径，为观众定制博物馆体验。例如，克利夫兰艺术博物馆 Galleryone 交互系统图包含"做个鬼脸"功能，可通过面部识别软件，将观众的表情与馆藏文物图像进行匹配，而"摆个姿势"功能是屏幕上呈现一个馆藏雕塑，并请观众模仿该姿势，程序内置的骨骼匹配软件通过 Kinect 感应器对观众模仿姿势进行完成度打分。观众可以把模仿动作的图片分享发送给好友，或者看看其他人的图片。

美国佛罗里达州圣彼得堡的达利博物馆使用基于 AI 的尖端技术，创造了"Dali Lives"

体验，采用机器学习让达利神秘"复活"。观者通过屏幕得以跨越时空，直接与艺术家本人对话。作为先进的人工智能技术和超过1000小时的机器学习产品，这个"以假乱真"的达利可以与客人互动分享他的生活故事，聊聊天气等。"真实达利"人工智能系统分析了超过6000帧的达利，学习了他的身体动作和习惯。该技术成功构建了"提问—回答"等直观的双向传播模式，让文物的创作者本人现身，启发与回应观众的思考与需求。

（二）以"亲历者"视角激发观众的主体性探索

李德庚指出，在全球化和互联网文化的影响下，民众的自我意识也在不断增强，会对权威教化模式产生反感，追逐自我价值的实现。因此，新技术应协助展览"用亲历者的视角去叙事"[①]，为观众搭建一个与文物本体、展厅环境、历史人物和背后故事产生直接交互与对话的空间。在爱尔兰移民博物馆（EPIC）互动式展览中，观众可在屏幕上选定自己的祖国，从而定制其要看的内容。通过不同的选择，观众被引导着一步步走向不同的移民历史故事。这种个性化设计为观众提供更多代入式的任务或活动，使其"自选"文物故事的内容和结果，以移情式体验获得自己与文物的个人关联，从而加深对文物本体背景与历史信息的认知与理解，进一步强化了博物馆的理念：爱尔兰人迁徙的故事就是参观者自己的故事。

荷兰莫瑞泰斯美术馆联合设计机构Capitola开发了一款名为"Rembrandt Reality"的APP。通过这个程序，观众将走入《尼古拉斯·杜尔博士的解剖学课》这幅画，前往现场观看一群外科医生完成解剖课，为了使观众的体验感更为真实，美术馆特意邀请专业演员来扮演画中的角色，并对画中的服饰、道具、布景、光线等进行了完美还原。[②] 观众由此从观看者转换为亲历者的视角，仿佛走入故事之中。APP通过数次扫描与建模，才诞生了这个360°的解剖室空间。有几个"点"被特地标记了出来，这些是第一眼无法看到的具体细节，用户可以通过放大更深入地探究。它创造了一种全新的创作者与观众之间的双向关系，增强了藏品的体验感与吸引力。

（三）多人互动功能满足观众的社交体验

随着互联网3.0时代的到来，移动互联网上的互动、分享和参与成为当今信息化发展的特点。据携程网发布的2021年上半年"文博游"大数据显示，在该平台博物馆预订人群中，90后及00后的年轻人群已成为第二大主体，占比之和达37%，仅次

---

① 李德庚. 流动的博物馆 [M]. 北京：文化艺术出版社，2020：295.
② 李洋，张冰妍. 数字展示技术在博物馆中的应用研究 [J]. 艺术教育，2022（06）：214-218.

于 80 后的 41%。

在 2021 年国际博物馆日期间，南开大学博物馆团队借助移动式 VR 头盔、AR 沙盘、MR 混合现实设备营造出大空间、多人、自由的协作式交互体验，把北京故宫、云冈石窟、南越王墓等不可移动文物与遗产现场都"搬"进了校园。参与者可以进入广州西汉南越王墓中游览，亲眼看见墓葬的复杂结构，并借助手柄拿起墓中的文物进行观察。而以"飞夺泸定桥"为场景的多人协同交互项目在报名通知推出半小时内就已经预约满员。体验者们一同化身"飞夺泸定桥"的英勇战士，重回战火纷飞的年代，在枪林弹雨中俯身攀爬铁索，在夜色灰蒙中英勇杀敌。

二、利用"互联网+"邀请社会力量参与博物馆数字化建设

（一）工作众包

博物馆智慧化的前提是数字化。通过 5G 等技术，博物馆可以把自身藏品的基本信息及图片发布到一个开源平台上，征集有一定文博专业基础的不同地域的志愿者，以网络形式协助完成词条录入、图像分类、数据编目等文物数字化的工作。2013 年，大英博物馆联合有关机构发起了"MicroPasts"一个基于互联网众包模式的研究项目。该项目以分布式协作方式，将历史研究人员、博物馆志愿者以及感兴趣的民众等多股力量聚合在一起，开展历史、考古、文化遗产等领域的研究。在此背景下，数千名来自全球不同地区的志愿者参与馆藏文物的数字化加工工作中：对 30000 张手写的藏品编目检索卡片进行数字化录入；对 5787 张文物照片开展 3D 建模前的预处理①。此外，美国宾夕法尼亚大学博物馆、苏格兰国家博物馆等机构也在该众包平台上发布了自己的科研项目。截至 2023 年 2 月，全世界有 3996 名志愿者参与项目，该平台完成有关史前史、埃及考古学、近东考古学、近代史等领域的 319 个项目，共计 159630 个任务网。②

（二）知识众创

随着互联网及移动物联网的发展，社会已经进入了知识爆炸和知识民主的时代。博物馆应妥善利用资源及权利，主动地、合法合规地将专业知识向大众传播，鼓励用户创造内容，如数字档案积累，社会性博物馆中的交互，具有移情作用的博物馆在线游戏和混搭博物馆间。维基百科授权公民阐述和组织其自身对于世界的理解，未来智慧化博物馆也应当

---

① 刘文杰．"互联网+协作"在文博领域的应用——以大英博物馆"众包模式"完成藏品数字化工作为例 [J]．中国纪念馆研究，2017（01）：134-140．
② MicroPasts.org 网站 [EB/OL]．[2023-03-15]．https：//crowd-sourced.micropasts.org/．

充分开放对于文物数字资源的阐释权利，引导公众自发成为发掘研究博物馆文物知识资源的终身学习者。因为古代文献著录不足等原因，文物的研究还面临很多缺环与空白，学界也存在着有争议的观点。博物馆不妨授权跨学科、多视角的受众书写自己对于文物的理解，甚至为博物馆的展品重新命名、重新制作标签，激发群众以多元声音填补学术领域的信息盲点，以更好地迫近历史真相。

（三）资金众筹

依托"互联网+"进行博物馆专项工作资金的社会众筹，是邀请公众一起去发现、保护与激活传统文化生机的一种可持续方式。例如，腾讯与敦煌研究院合作，于2018年开启"数字供养人"H5公益项目，精选30余幅敦煌壁画，融入年轻人的生活场景和网络热词，用户出资0.9元就可成为敦煌石窟的数字供养人。项目启动一年间，超过24万供养人为莫高窟第55窟的修复计划捐赠了190万元善款。2021年1月，"花呗"推出一项针对文物保护的公益计划——"花呗文物守护计划"。网友在"支付宝"上参与修复互动游戏就可获得"文物守护人"身份，与此同时，支付宝公益基金会将以用户名义捐赠一笔修复资金。为此，支付宝首批投入1 000万元用于支持文物修复。该计划上线5个月以来，已有超1400万网友参与敦煌遗书的修复守护。用户也可选择捐出花呗金，花呗将以1∶9进行配捐，加速文物修复过程，参与捐赠的用户名将通过蚂蚁链区块链技术，被文物所在博物馆永久保存。据平台数据显示，截至2023年2月，已有6800万人参与文物守护计划。

三、搭建文化展示新空间，扩展文化传播新渠道

（一）搭建国际网络文化展示空间，促进文明交流互鉴

由中国丝绸博物馆发起，敦煌研究院、福建博物院及海外的大英博物馆、俄罗斯国家历史博物馆、美国芝加哥艺术博物馆、日本平山郁夫丝绸之路美术馆等18个国家40余家机构共建的"丝绸之路数字博物馆"（简称"丝路数博"，英文为Silk Road Online；Museum，SROM）于2021年6月18日正式上线。网站分为数字藏品、数字展览、数字知识和云上策展4个版块。"丝路数博"致力于开展丝绸之路相关博物馆的交流与合作，打破实体藏品与博物馆的线下空间局限，实现线上资源互通和共享，弘扬丝绸之路精神。该网站搭建了中英双语的数字文物展览平台，可面向全球博物馆提供一站式浏览、检索与展示服务。不同国家博物馆的工作人员通过共享跨地域的文物数字资源进行在线策展，使文明传承与交流传播的过程得到多元的阐释与不同视角的碰撞，是提升丝路精神国际影响力与传播力的有益尝试。

（二）让文物数字资源融入"元宇宙"创建，扩展线上文化传播新渠道

将文物、博物馆建筑等数据在云端进行数字克隆、融入游戏等"元宇宙"世界的创建是向特殊时期出行受限的公众推广与传播文物的新渠道。艾尔米塔什国家博物馆馆长米哈伊尔·皮奥特罗夫·斯基在第二届"文化+科技"国际论坛中指出，该馆不仅尝试使用非同质化代币（NFT）这种全新版权模式标记独特的文物复制品，还在建造云端艾尔米塔什，即实体博物馆的复制版本。2020 年初，作为建馆 150 周年庆祝活动之一，美国纽约大都会博物馆特意为日本任天堂公司旗下的社交养成类游戏《集合啦！动物森友会》玩家提供了约 40.6 万件虚拟展品，使文物与观众在线上"重逢"。此外，由加利福尼亚州蒙特雷湾水族馆工作人员策展，芝加哥菲尔德博物馆化石专家埃米莉·格拉斯利讲解，两家因疫情无限期关闭的博物馆在该游戏中开启了线上博物馆之旅，逐一介绍其中的化石展品，并面向网友直播。目前，已有美国盖蒂博物馆、英国维多利亚与阿尔伯特博物馆、西班牙提森博物馆、中国台北故宫博物院等一批世界知名博物馆，将馆藏文物的图片资源向游戏玩家开放。来自世界各地的 3300 万名玩家在游戏中通过设计属于自己的博物馆，化身收藏家与策展人。此外，大都会艺术博物馆还与月活玩家超过 6600 万的科幻游戏《和平精英》展开联动，甄选博物馆中的代表珍藏，在游戏场景中复原博物馆及其相关珍贵藏品。用户在虚拟世界邀请好友一起参观、评论与鉴定文物藏品的过程中，无形扩大了现实世界各大博物馆的潜在观众群体，提升了文物的知名度与文化知识的传播范围。

第四节 推动我国博物馆数字化建设的建议

2022 年 5 月，中央印发《关于推进实施国家文化数字化战略的意见》（以下简称《意见》），对"十四五"时期博物馆数字化建设工作提供了指导。为实现《意见》提出的主要目标，这里对新时代博物馆数字化建设工作提出以下建议。

一、以观众认知体验为中心，深化人机交互研究，提升文化传播效能

电子科技大学电子科技博物馆馆长赵轲表示，博物馆的技术实践要以观众为核心，其中包括对各类群体的技术关爱和人文关爱，用人的温度替补技术产生的鸿沟。同时，博物馆不必追求技术高精尖，更不能用技术填充内容，而要实现技术的可控使用。

因此，数字化技术研发要贯彻"以人为中心"的发展理念，以"适用"为原则，目标是增强文化遗产的传播力、吸引力与影响力。一方面，应创新数字内容供给，进一步聚焦信息传播特点，从观众的既有认知出发，除叙述物质文化发展史与政治史以外，通过挖掘文物

及背后的人（制造者、使用者、传承者、修复者）在地域、行为、经历、态度等与观众相关或相似的人格化信息，构建物与人的认知关联。在数字媒体的叙事中加入"亲历者"视角，引导观众开展主体性探索，在交互中体验"物"在重大历史事件中的意义和作用，塑造与文物主体同时空的共情触动与内省体验。另一方面，应进一步加强人工智能在人机交互领域的应用，通过语音识别、机器视觉、人工神经网络等技术，即时捕捉观众的声音、表情、动作及思想，实现观众对文化数字内容需求的实时感知、分析和预测，深度学习知识图谱技术，将对应的文物资源进行有效提取、组合与转译，将中华文明独特的世界观、价值观、历史观等精神标识以可视化、个性化、趣味化、互动化方式加以呈现，更好地实现"物—人"对话与"人—人"交流，促进观众对优秀传统文化内涵的理解、传播与分享。

二、搭建移动互联的众包平台，促进社会力量广泛参与文物数字化建设

传承是文物保护利用的核心要义。只有让更多的公众了解文物、关心文物，自觉地开展文物保护、文物研究，让文物真正活在公众心中，才能更好地实现文物传承的目标。博物馆需要改变过去的理念与运营方式，让观众从展览的旁观者与文创产品的消费者自觉转化为博物馆机构的建设者、文物内涵的阐释者与中华文明的传播者，并促成新的社会意识与文化共识的生成。

具体来说，应充分利用"互联网+"技术，搭建博物馆事业工作协作平台。通过工作众包、知识众创、资金众筹等方式，激发政府企业、高校、民间等社会力量在智力、资金、技术资源上的参与。可根据博物馆数字化工作的不同特点，按照员工、高校科研工作者、志愿者、热心网友等角色定制不同权限，发布数据录入、程序开发、创意设计、说明牌撰写等相关任务，以项目分包形式解决博物馆在智力、资金、技术方面资源不足的问题，更好地完成博物馆在数字化建设、知识传播与保护利用方面的任务。此外，通过对说明牌撰写等数据的收集分析，博物馆还可以了解观众的认知需求与兴趣点，以此完善与扩展相关展览阐释，实现对自身业务工作的迭代提升。

三、推动文物数据资源开发共享，拓展文化传播渠道与文化消费场景

首先，在与国外文博机构的合作中，应进一步加强数字资源领域的开放共享，通过单边与多边的合作框架机制，统筹不同国家藏品的数字资源，以文明交流互鉴为主题，搭建更系统、更全面、多语种的文物阐释与数字体验线上空间，以文物生动诠释平等、互鉴、对话、包容的文明观，不断拓展中华文化传播的渠道与边界，携手构建网络空间命运共同体。

其次，应逐步探索包含文物在内的中华文化数据库资源的开放内容与范围，鼓励个

人、公司和政府将文物数据用于自身发展、产品创新与社会治理。推动博物馆本体空间及文物数字资源有序、合规、适度地融入元宇宙世界创建，通过与境内外企业及公众的合作，推进文物数字资源在网络视听、在线演艺、游戏动漫等数字文化消费新场景中的应用与创新，让文物信息触及更多博物馆"非观众"群体，助力文化产业提质升级。

最后，应积极探索将文物数据资源开发所取得的收入用于博物馆事业发展及人员绩效奖励的分配办法，增强博物馆文化资源开发的可持续性与内生动力，使文物真正贡献于自主学习、社区活动和大众创业，最大限度发挥社会价值，使之成为社会共享、全民可用的发展要素。

第六章 博物馆数字化建设的新技术运用与发展研究

第一节 多媒体技术与博物馆数字化建设

博物馆的主要功能是保存文物、整理文物、研究文物、传播文化等,具有较强的中介性、公共性等特征。如今,随着人们的精神文化需求不断增加,博物馆开始融入人们的精神文化生活,博物馆的中介性也在社会认知层面发挥更强的作用。

在信息科技高速发展的今天,数字多媒体技术应运而生,新技术产生的新媒体使文化传播具有了新的概念,通过信息传播文化和数字化博物馆等方式让文化传播的中介效应更加完善。传统的文化和创新技术相结合,能够主动迎合新时期社会发展的需要。以网络化、数字化技术为核心,完成信息采集和传播等工作,进一步表现博物馆的中介性、公共性等特征,能够大面积推广博物馆的核心文化价值。全新的传播方式能够为博物馆文化创新提供更多的可能性,公众的博物馆文化体验也会不断完善。

一、多媒体技术与博物馆数字化

(一) 多媒体技术的产生与运用

1995年2月,"电子图书馆"等信息化管理计划被提出。在上述计划中,多媒体技术被判断为"核心技术"。多媒体技术已经成为博物馆数字化发展进程中不可取代的媒介技术,完善的博物馆数字化需要兼顾数字化馆藏、展示、远程线上教育等功能。多媒体技术存在成本低、互动性强,不受空间和时间约束等优势,使多媒体能够发挥更强大、更多样化的功能[1]。多媒体实际上就是计算机利用文本、图形、动画、视频等多媒体手段,将数字化模式进行整合,计算机能够处理、存储、表现多媒体信息。多媒体技术主要包含数

---

[1] 陈刚. 博物馆数字化与数字博物馆展示特征分析 [A]. 北京市科学技术协会信息中心,北京数字科普协会,合编. 数字博物馆研究与实践2009 [C]. 北京:中国传媒大学出版社,2009:134-139

通信、音频、视频、图像处理等多方面的内容①。

"媒体"源自英语的 Medium，早期是人类表达和传播信息的渠道，也是信息的重要载体。媒体包含两个内涵：一是信息物理载体，如磁盘、光盘等设备；二是信息载体，如图像、动画、音频等②。

人类发展历史上出现了三种媒体形式：口语媒体、文字媒体、数字媒体。过去一段时间，科学技术发展不充分，口语媒体和文字媒体的表现能力相对落后。如今，整合多种媒体的优势，以更直观、更便捷的方式呈现的数字媒体出现在公众的视野之中。多媒体同其他媒体相比，具有突出的优势，即覆盖动画、图片、文字等不同信息，能够通过便捷、直观的方式让人们足不出户地通过互动和交流，再结合自身需要，获得合适的信息。多媒体在商业、教育、网络、娱乐等不同领域都具有核心的功能。与其他传统媒体相比，多媒体技术的优势较为明显，能够为博物馆数字化提供支持，对博物馆数字化发展产生深远意义和影响，这些都是博物馆未来发展的新共识。

（二）以多媒体技术促进博物馆数字化的建设

1. 建设藏品数据库系统

数字化馆藏是指博物馆文物、档案、标本均配置高清晰扫描、数字化拍摄、三维建模等数字化技术，完成技术的架构，能够将大量的珍贵素材保存在计算机系统内，降低二次破坏的风险。数字化馆藏既是博物馆文物藏品信息化保管的前提，也是博物馆展览展示和远程线上教学的基础。

传统数字化馆藏执行方案仅能利用数据库技术完成对藏品尺寸、重量、影像等信息的记录和留存等工作；多媒体技术结合数据库技术，能够为藏品管理系统增加功能，利用更多的媒体技术呈现藏品的细节。此外，博物馆可以深入分析藏品的背景资料，使受众及时掌握藏品的全方位信息，高效执行博物馆的数字化管理。

数字化博物馆建设需要完善藏品信息管理工作。传统藏品管理工作量巨大，需要人工对藏品进行分类、整合、登记、维护等工作，管理者需要付出较多的时间和精力，藏品的损坏风险也相对较大。博物馆数字化藏品信息管理系统既能够直接整理藏品的材料用途、历史背景、颜色、出土地址等信息并且保存在数据库内，进而创建完善的馆藏品信息管理系统，以高效、准确的方式完成检索、对比、分析等操作，也能够为专题展览提供便捷服务。藏品数

---

① 邢磊，史浩岩，白雪梅. 关于数字博物馆的思考 [A]. 北京市科学技术协会信息中心，北京数字科普协会. 数字博物馆研究与实践 2009 [C]. 北京：中国传媒大学出版社，2009：65-70.
② 彤丽格. 浅谈数字化博物馆的多媒体技术 [A]. 民族文化宫博物馆. 中国民族文博（第三辑）[C]. 沈阳：辽宁民族出版社，2010：310-315.

据库可以结合博物馆展览的实际诉求，完成历史、自然、民族等主题的创建，对藏品进行归类。例如，展示、陈列某件清代官服时，博物馆只需要检索官服所属时代和服装的质地，即可获得相关数据，同时对呈现的信息进行挑选和对比，以此提升检索效率。

博物馆数字化建设不应限制在多媒体数据本身，而应兼顾藏品的创建需要，建立相关的数据库，为创建数字化博物馆提供支持。现实情况是，众多博物馆在建设藏品数据库方面不愿投入较多的人力资源、物力资源、财力资源等。这些博物馆普遍认为藏品数据库建设周期较长而藏品内容单一，因此纷纷将发展重心转移到多媒体陈列展览建设方面，博物馆应当将建设藏品数据库系统作为博物馆数字化建设的重点项目，结合博物馆的文物类型完成切分，选择差异化的数字技术，不断完善原有的数据库。

2. 多媒体技术与数字化展示

展览模式随着新时代的变化而更为丰富，从特定程度上看，多媒体技术的发展能够为展览模式创新提供支持。当前，陈列展览设计运用多媒体技术已经成为博物馆展览辅助形式的主流。灵活使用多种新媒体交互技术，完善博物馆多元化的知识体系，将新媒体技术同传统博物馆展览模式相结合，能够使博物馆的展览形式更加丰富、展示内容更加多样。博物馆可以以智能手机为输出端口，配合二维码技术，使受众掌握传统实物、文字说明等信息，从而有效展示展品的文化内涵和历史发展变革；还可以在附近展示其他时代的文物，便于受众进行对比。新媒体技术同博物馆数字化展览相结合，可以独立于传统实物展厅而设立专门的数字化展厅，以数字采集、数字建模、三维投影等技术提升展品的数字化水平，使展品更具感染力。观众可以通过与文物和文化等的互动和体验提升整体参与度，进而解决参观距离感的问题。数字化展厅的出现，能够为文物提供更高质量的保护效果，通过数字化和虚拟化的展示方式减少布展、撤展流程，减少对文物产生的二次损坏风险，减少安全隐患。

（1）数字化展示。数字化属于博物馆数字化的基础功能，在发挥数字化功能时需要多媒体技术提供支持和帮助，结合数字化展示模式分析，一般包含虚拟现实放映、数字化辅助等展示方法[①]。

虚拟现实技术（Virtual Reality）利用数字三维的方式完成内容建模，完成多媒体动画专题片制作，利用立体视频的方式完成播放，搭配投影技术让观众置身其中感受历史。这样的技术具有更强的表现力，能够帮助观众理解博物馆展示的内容。不过，虚拟现实技术本身也有比较明显的缺陷，例如投入成本较高、空间要求较大。多媒体展示方式在藏品

---

① 彤丽格. 浅谈数字化博物馆的多媒体技术 [A]. 民族文化宫博物馆. 中国民族文博（第三辑）[C]. 沈阳：辽宁民族出版社，2010：310-315.

数字化前提下，完成馆藏文物、文献、档案等资源的数字化，利用多媒体技术整合、程序编制支持，演变为多媒体演示系统，以此保持较高的互动性，达到更好的互动演示效果。多媒体展示比虚拟现实技术投入成本低，在设计中更为简便，设计周期偏短，保持极高的互动性，使用时不需要额外增加专业设备和场地[①]。

（2）多媒体辅助展示。多媒体辅助展示，是在以数字化馆藏、多媒体展示为基础的陈列展览方式中增加多媒体作为辅助，融合多种声、光、电技术，在计算机的控制下，使声、光、电发挥更直观、更有趣、互动性更强的作用。

多媒体技术在现阶段已经发展成为现代博物馆展示技术的核心组成部分，博物馆灵活使用多媒体技术能够高质量地传播展览信息，进一步提升展览表现强度。合理使用互动多媒体技术，便于观众解读展览主题和信息；博物馆可以利用多媒体技术展示展览主题，保持展览主题的丰富性，全方位展示展品信息；多媒体技术在融入声效和影像等元素后，比传统静态场景呈现的内容更丰富、表达更深入。

博物馆应当在辅助陈列展览设计中科学管控展览展示信息量，做好信息量的分配工作，严格调整"静态呈现"信息量，控制"展示家具"式的压力。多媒体技术的支持，能够提升信息整合效果，减少冗长的文字叙述，将获取信息的主动权交给观众，使广大观众的"目标展示文物"有更突出的表现，减少观众在参观时间和体力等方面的浪费。提升展览的参与度和互动性。博物馆通过充分应用多媒体技术，能够逐步把"展品""知识""信息"同故事场景相结合，保持展览工作的生动性、节奏感、旋律性、趣味性，进而营造更浓厚的学习氛围。

3. 多媒体技术与远程教育

远程教育属于博物馆数字化的主要功能之一，在远程教育功能的配合下，能将博物馆馆藏、展示内容、研究内容相结合，并且搭配学校的基础课程知识，完成数字化教育资源设计，随后通过网络、数字化媒体等方法向受众进行传递。数字化远程教育既能够主动迎合博物馆社会教育功能的需要，也能够满足加强未成年人思想道德教育需要。多媒体技术能够持续完善博物馆远程教育功能，通过多媒体程序核心设计平台ToolBook等开发多媒体教学资源，应对光盘发布和网络连接需求，提供多媒体时代博物馆远程教育技术支持。数字化博物馆从业者可以在数字化展示和数字化馆藏工作中整理大量的资料和素材，积极与学校和教育机构保持合作，通过平台开发的教育课件，利用光盘或者网络的多媒体教学工具的配合，满足教学需要。

---

① 彤丽格. 浅谈数字化博物馆的多媒体技术［A］. 民族文化宫博物馆. 中国民族文博（第三辑）［C］. 沈阳：辽宁民族出版社，2010：310-315.

4. 完善博物馆网站建设

网络的普及性在现阶段持续提高，国内和国外诸多博物馆已经建立专业的网站。博物馆网站本身是博物馆数字化建设的核心内容，不受时间、地域、气候等因素的限制，向全球的观众呈现馆藏文物信息，能够深度推广传统文化、民族文化。①

国内博物馆网站虽然发展较快，但是存在一些问题，如过分关注藏品展示功能，不重视互动性网络营销效果。博物馆应当持续推动博物馆网站功能的优化、调整、升级；网站页面设计需要吸引观众的关注力和引起观众的重视，提升他们浏览网站的兴趣，进而通过网站查阅藏品信息，获取藏品背景、出土过程、历史年代等资料；提升观众互动性，针对藏品设计专属小游戏，使观众在轻松的环境中掌握藏品的基础信息、历史背景等；通过平面媒体、有线电视网络、移动数字平台等渠道呈现博物馆网站信息，提升博物馆的外部影响力。

二、多媒体技术下加快博物馆数字化建设的关键问题

博物馆数字化是系统性较强的项目，博物馆的数字化程度是科技创新程度的体现，数字化能够提升博物馆收藏、展示、研究、教育等工作的质量。博物馆实现数字化，需要考虑五个方面的问题，即需求调研、总体设计、技术实现、人才队伍建设、业务实现。②

（一）需求调研

需求调研是博物馆数字化的基础，根据博物馆的工作职责、经费预算等情况开展调研，确保基于博物馆的数字化设备和系统最优化。博物馆开展需求调研工作时，设计人员和博物馆业务部门要保持有序的沟通与合作，③ 核心工作是对博物馆业务部门目标的信息处理方法、数字化工作情况等实施调查，提出博物馆数字化的业务流程、工作流程等。④ 这一阶段的工作能够帮助博物馆相关部门深入了解工作人员的业务水平和技术情况等，客观分析业务信息和业务流程，完善数据资源规划工作，通过数据整合和业务重整情况提出数字化建设发展思路。

---

① 赵龙. 试论信息化管理在博物馆文物保护与开发利用中的创新应用［J］. 文物鉴定与鉴赏，2017，(9)：106-108.
② 彤丽格. 浅谈数字化博物馆的多媒体技术［A］. 民族文化宫博物馆. 中国民族文博（第三辑）［C］. 沈阳：辽宁民族出版社，2010：310-315.
③ 彤丽格. 浅谈数字化博物馆的多媒体技术［A］. 民族文化宫博物馆. 中国民族文博（第三辑）［C］. 沈阳：辽宁民族出版社，2010：310-315.
④ 汤涛. 三维技术在物质文化遗产"修复"中的应用研究［D］. 南京：南京艺术学院，2018：8.

(二) 总体设计

总体设计是博物馆数字化建设的保障，博物馆根据需求调研统筹优化出最优设计方案，确保后续平稳有序地组织数字化收藏、宣传推广等工作。首先，博物馆需要客观分析馆藏文物的特征，在掌握博物馆数字化业务工作的前提下，通过创新数字化技术制定合适的目标，利用组织和管理的方式提升业务流程和信息流程，完成信息的传达、处理、存储、服务等，提出全新的管理要求，然后对运输环境、系统接口、功能模块等进行定义，为技术的执行提供基础。

(三) 技术实现

技术是博物馆数字化的核心内容，实现博物馆数字化必须有技术支撑，一般包括建立数据库、数字图像处理、三维数字建模、360°全景技术等，主要应用于文物信息数字化处理、多角度展览展示、文物细节研究等方面。

第一，建立多媒体数据库。多媒体数据库实际上是多媒体技术、数据库技术相融合的表现，包括图形用户界面、静态图像处理拓展、动态图像处理等。

第二，数字图像处理。数字图像修复技术是利用数字图像的方法来修补部分损坏的信息，以未损坏和相关完好图像作为参考，基于特定逻辑和规则进行处理，确保修复后的图像贴近原图的视觉效果。

第三，三维数字建模技术。三维数字建模技术需要有效使用激光扫描系统平台资源，利用发送和接收脉冲式激光的基本原理，测量分析被检测物品的表面三维数据，最终获取大量坐标点集合，称为"点云"。这种技术通过计算机软件处理，真实刻画测量场景的三维立体景观。另外，博物馆也可以利用玛雅（Maya）等三维建模软件，[1] 绘制陶瓷器、青铜器、漆木器、纺织品等器物的形制结构图和纹饰纹样图、遗址墓葬位置图、墓葬结构平面图与剖面图以及埋藏情况俯视图等考古文物工具图。

第四，360°全景技术。从传统光学摄影全景照片的角度看，360°全景技术能够从90°至360°完成全景拍摄，将场景的前后内容以直观的方式在二维平面展示给观众。目前，虚拟现实技术是基于360°全景技术而构建的。

(四) 人才队伍建设

博物馆信息化建设不仅能够形成模式化的信息系统，而且包含部分文物信息管理和应

---

[1] 赵龙. 试论信息化管理在博物馆文物保护与开发利用中的创新应用 [J]. 文物鉴定与鉴赏，2017，(9)：106-108.

用方面的内容，相关操作过程要求博物馆信息管理者掌握信息化技术和博物馆文物管理知识。目前，博物馆需要逐步补充信息化、数字化的人才[①]。

第一，加强对博物馆在职工作人员的教育培训，提升目前人员的职业道德再教育、专业素养能力建设效果，完善人才培训发展计划，提升人才团队建设中的计划性、目标性等。

第二，积极创建博物馆从业人员职业资格管理制度，在制度层面保护从业者的合法利益，改善博物馆人员结构不合理的局面。

第三，建设完善的用人机制。博物馆人才聘用制度要自觉遵循市场发展规律，对内采取竞聘上岗模式，避免出现滥竽充数的情况；对外公开招聘，坚持择优录取的原则；适当提升博物馆专业高级人才的收入，从外部吸纳更多的专业人才，同时注意避免出现人才持续外流的情况。

（五）业务实现

业务实现需要博物馆系统设计、信息技术开发者的配合，在监管部门的指引下完成博物馆数字化改革工作。技术方案落地后，博物馆可以通过实践应用改善软件平台对资料和藏品进行数字化整理，完善各类型的数据库，在条件允许的前提下全面投入运作并且做好管理规范工作。正式运作业务实现之前，有两个较为关键的环节：一是业务人员计算机数字化培训工作，二是建立与博物馆数字化相匹配的工作运行机制。

在科学技术高速发展的今天，传统博物馆难以满足群众在文化层面的需求，数字化建设已经成为博物馆发展的重要组成部分。推动博物馆数字化建设，一方面是应对信息化时代的需求，另一方面需要创建传承文化、教化民众的媒介。当前，博物馆数字化建设保持在前期发展阶段，博物馆可以结合自身发展现状，有效使用数字化信息技术，通过持续创新和尝试，推进博物馆由数字化向智能化升级建设。在中国博物馆事业的持续发展中，多媒体属于高潜力的技术产品，未来将全面应用于博物馆的展示工作并且形成巨大的反响。我们需要强化多媒体技术在博物馆展示中的使用，发挥多媒体技术的辅助功能，推动提高中国博物馆的展示水平。

第二节　物联网技术与博物馆数字化建设

当前，各种新兴技术已被应用于博物馆建设中，实现了从传统实体博物馆到数字博

[①] 王彩霞．当前数字化博物馆建设的实践思考［J］．丝绸之路，2016，(24)：63-64．

馆的过渡,建成了移动智能博物馆,最终实现了智能博物馆的发展。随着物联网、人工智能、大数据、区块链等技术的应用和发展,新型的智能博物馆已经成为数字博物馆发展过程中的主要方向。本节探讨物联网技术应用于博物馆数字化建设。

一、物联网技术概述

物联网技术是一种将物体和设备与互联网连接起来的技术,通过网络互通和数据交换,实现物体之间的智能化交互和协同工作。它基于传感器、通信技术、云计算和大数据分析等技术,将传感器采集到的数据传输至云端进行处理分析,并通过应用程序进行监控和管理。

物联网技术的核心思想是将物体赋予智能,使其能够感知环境、收集数据、执行任务和相互协作。这些物体可以是智能家居中的各类设备,如智能灯具、智能家电等;也可以是工业生产线上的设备,如机械臂、传感器等;还可以是城市中的交通设备、环境监测设备等。

通过物联网技术,物体之间可以进行实时通信和数据交换,实现设备的远程监控和控制。例如,智能家居可以通过手机 APP 远程控制灯光、空调等设备;工业生产线可以通过物联网技术实现设备的自动化监测和维护,提高生产效率和质量。

二、物联网技术应用于博物馆数字化建设

(一) 条形码技术

博物馆数字化建设使用的条形码技术是一维码技术,由间距不同、宽度不同的黑白条按照一定的编码规律排列而成。这一条形码传递出来的信息表达量比较小,不能满足人们生活和生产的需求,已经被二维码技术取代。

(二) 二维码技术

二维码是用某种特定的几何图形按一定的规律在平面分布的黑白相间的图形中记录数据符号信息。当前,博物馆数字化建设过程中普遍使用的是二维码,利用二维码可以实现转账、支付、下载等各个功能。

(三) 创建智能导游系统模型

为了在博物馆数字化建设的过程中体现人性化的特点,可以利用智能导游系统优化智能博物馆的建设。这一系统包括博物馆数据库服务器的创建、防火墙的创建、Web 服务器

以及流媒体服务器的创建三个部分，通过不断地对这些系统进行完善，博物馆可以实现向外传输信息数据，以此达到信息共享的目的。在不断完善的信息传输系统建立的过程中，还需要在其中加入用户的接收功能，因此，博物馆的相关管理人员也需要利用 RFID 标签进行具体合理的设计，并向馆内的参观人员发放 RFID 读卡器，让参观者在手机上就能够获取藏品的相关信息，更好地达到游览的目的。

（四）藏品的 RFID 标签选型

由于博物馆内的藏品种类比较多，需要设置产品的 RFID 标签。在设置的过程中应当采用不同的措施，如室外展览的藏品，在选择 RFID 标签时需要考虑不同的环境因素，在标签的材质选择上应当使用耐腐蚀、耐高温、耐水的材料。室内的贵重藏品展览，在产品设置 RFID 标签时，防护装置内部就需要设置 1 个 RFID 标签，并选择 ABS 材质；在保护装置外部还需要设置 1 个防撕标签，在满足人们参观需求的同时更好地保护藏品。

（五）移动监控

将物联网技术应用于博物馆数字化建设的过程中，还需在藏品的入口、出口、走廊等部位安装移动监控以及 RFID 读卡器标签，识别距离控制为 15 米。若是带有标签的藏品经过扫描范围，读卡器就可以获取 EPC 编号，这一编号进一步会与局域网服务器连接起来，在高清摄像头、局域网连接、红外射线、均衡计算机的各个设备的共同作用下，基于千兆网络能够确保视频的流畅，更加便于浏览者录像和查看，与此同时，在藏品正常的出入口，管理人员也需要进行解锁操作计算及记录。通过时间以及藏品名称对房间内的藏品进行删除和增加，确保数量的准确性，若是藏品未经解锁，计算机检测到产品移动就会触发报警信号，监控视频也会同步录像。此外，利用变焦摄像机也可以有效调整摄像机的焦距和角度，对于定位非计划移动的藏品，能够记录下移动的时间和名称。

综上所述，在当前博物馆数字化建设的过程中，需要结合物联网技术，有效推进博物馆的管理，将二维码技术、条形码技术、RFID 技术应用于智能导游系统模型创建的过程中，更方便参观者参观，给参观者更好的服务体验。

第三节 文旅融合背景下博物馆数字化建设

文旅融合背景下，随着信息技术的不断发展以及我国信息网络技术的应用，我国传统博物馆通过数字化建设焕发出了新的活力。本文结合国内外博物馆数字化建设趋势，对博物馆数字化建设进行思考和论述。

2021年5月24日，中共中央宣传部、国家发展和改革委员会、教育部、文化和旅游部、国家文物局等九个部门联合发布《关于推进博物馆改革发展的指导意见》，意见中提到"营造开放包容的发展环境，通过区域协同创新、社会参与、跨界合作、互联网传播等方式，促进资源要素有序流动，优化资源配置，多措并举盘活博物馆藏品资源"，"大力发展智慧博物馆，以业务需求为核心，以现代科学技术为支撑，逐步实现智慧服务、智慧保护、智慧管理"，"大力发展博物馆云展览、云教育，构建线上线下相融合的博物馆传播体系"。同年10月，国务院办公厅印发《"十四五"文物保护和科技创新规划》，要求坚持科学技术引领，全面深化文物领域各项改革，激发博物馆创新活力。以上文件表明，从国家层面而言，数字化建设将成为文化建设的重要举措，得以起到持续推进我国博物馆事业高质量发展的作用。信息技术日新月异的发展也决定了博物馆数字化建设是一个长期发展的过程。在文旅融合的背景下，利用新技术，实现以"创新""共享"为核心的数字化是博物馆发展的新途径；寻求符合时代发展的新路径，是实现博物馆数字化可持续发展的重要前提，也是进一步实现文旅产业高质量融合的必要条件。

一、文旅融合概述

文旅融合是基于文化和旅游协同发展为目的，以文化为内容，以旅游为载体，从文化和旅游的理念、资源、产业、技术和职能等方面进行的深层次融合，是扩大我国传统文化影响力和增强我国文化软实力的重要举措。各种文化可以通过旅游的过程，在人们的旅游活动中得到传播、发扬。人们可以在旅游中获得知识，了解文化，陶冶情操。旅游也将成为连接不同地区的桥梁、不同文化的纽带。文化和旅游的融合不仅能够最大限度满足人们文化旅游的需求，同时也有利于推动旅游业和文化产业的良性发展。对于文化产业来说，一方面，文旅融合可以通过旅游促进中华优秀传统文化的传播，进而推动中国文化走向世界，被更多的人所了解；另一方面，可以借助旅游业开发更多的高质量文化资源，并将其转化为旅游资源，以更好地满足人们多层次的需求。文化和旅游的深层次融合，将会促进文化的有效传播，得以加强旅游的吸引力，进而形成旅游业和文化产业合作共赢、优势互补的双赢局面。在文旅融合发展的时代背景下，文化和旅游已经内化为一体。2020年3月，国家发改委等23部门联合印发《关于促进消费扩容提质加快形成强大的国内市场的实施意见》，提出大力发展文化体验游。由此，博物馆成为旅游的关注点，随之不断升温，切实发挥了文化中枢的作用。

二、文旅融合背景下博物馆数字化建设的意义

(一) 博物馆数字化建设契合国家方针，符合时代发展方向

博物馆推动数字化建设是基于国家层面的政策而做出的积极响应，日新月异的科学技术推动了社会的发展，数字化建设已经融入了社会生活的方方面面，博物馆开展数字化建设是大势所趋，是新时期博物馆发展的方向。伴随着数字化建设的开展，利用数字技术为公众提供良好的参观体验，博物馆才能够更好地满足人民群众不断增长的文化需求，提升人民的生活品质，传播弘扬社会主义核心价值观，提高国家文化软实力。文旅融合背景下，博物馆作为文化资源的重要载体，文化旅游的目的地，担负起推动博物馆数字化建设的重要责任，博物馆的数字化建设也将为公众提供更加优质的服务。

(二) 博物馆数字化建设提升了博物馆服务品质

博物馆作为文化资源的载体，公共文化服务体系的重要组成部分，担负着宣传文化的责任。将数字化融入博物馆的对外服务中，是符合新形势下的与时俱进，得以满足观众不断提高的文化需求的。博物馆数字化建设能够运用增强现实技术和虚拟现实技术，模拟出虚拟空间，将馆内的陈列展览以数字化方式呈现，走上云端，打破了观众在时间和空间上的限制，使观众不再局限于在馆内参观，而是随时就可通过浏览博物馆网页了解藏品，通过信息技术手段与观众达到文物共享，提高了博物馆的服务质量，使得线下展览拥有了更加丰富的表现形式，通过互联网展示的藏品数量也比实体展厅要多，使更多的馆藏文物走出库房，面向观众。并且在移动数字技术的支持下，使得博物馆文化传导功能扩大化，从本来的固态空间扩展到能够使用移动智能终端的任意地点，同时通过信息技术手段与观众交流，提高博物馆的工作水平，实现对公众的智慧服务。

(三) 博物馆数字化建设提升了藏品管理水平

博物馆作为文物收集、保存机构，保存有数量众多的、具有历史价值的藏品，担负着传承弘扬优秀中华传统文化的责任。博物馆的数字化建设是通过采用新技术、新手段来获得管理能力的提高，如通过借助新技术可以更加有效保存和保管藏品，实现对文物的监测，达到科学管理的目的，得以深入挖掘有效利用馆藏资源。探索博物馆数字化建设在文物保存、保管等方面的应用是博物馆得以发展的必然，博物馆对内的数字化建设，通过计算机技术和信息技术进行 3D 扫描建档，以数据图像、文字、视频等资料对藏品储存备份，进行数字化处理，得以在管理使用文物时更加具备安全性，降低文物受损的概率。推动数

字化建设，博物馆可以对藏品更好地进行保护，进而创新全新的管理模式，是以新的信息技术为支点，所带来的管理模式的深度变革。

（四）博物馆数字化建设提高了陈列展览科技含量

随着 5G 时代的到来，以及信息技术的成熟与发展，博物馆数字化建设走入人们的视野，利用技术手段与博物馆相结合建构成虚拟博物馆，改变了博物馆固有的展览模式，极大地扩展了博物馆的宣传教育功能，将传统静态陈列展览方式转变为三维立体影像和虚拟遗址空间全方位动态展现方式，观众在参观时可以借助信息技术所模拟生成的历史环境和氛围空间产生历史的真实感，进而对藏品产生积极的探求，充分利用数字化技术，可以让博物馆内的文物"活"起来，达到藏品在虚拟现实中活灵活现地出现在观众面前，拉近了观众和藏品的距离，加深了观众对文物藏品及其文化的理解，增强了传统历史文化的魅力。

三、文旅融合背景下博物馆数字化建设的策略

在文旅融合背景下推进博物馆数字化建设，既是实体博物馆的发展方向，还是博物馆寻求发展不断创新的需要，同时也可以更好地发挥博物馆的公共文化服务功能，进而促进了博物馆的智慧发展之路。博物馆只有开展数字化建设，才能跟上时代的步伐，才能适应万物互联的世界，同时对于文化旅游的数字化升级起到积极作用。国内外的一些博物馆在数字化建设方面进行了积极的探索，在实践中积累了很多经验，为博物馆数字化建设提供了借鉴。

（一）虚拟现实技术助力文物"动"起来

虚拟现实技术是一项新兴的，发展较快的新技术。其是利用计算机技术、仿真技术，在采集文物信息的基础上，建立一个三维立体空间的虚拟世界，是一种完全人工的数字环境，观众通过视觉、触觉、听觉等多感官完全沉浸于一体化的虚拟环境，观众需要借助必要的设备以自然的方式与虚拟世界中的物体进行交互，从而产生了代入真实环境的感受；打破了传统博物馆空间的局限性，极大地扩展了博物馆的功能，让博物馆内的文物"动"起来，提高了观众对文物的欣赏水平，提高了想象力，打开了视野。科技和博物馆的融合为观众搭建了一个耳目一新的平台，观众可以不受时间空间的限制，随时就可学习到传统历史文化，领悟文物背后的历史，扩展观众对传统历史文化的广度和深度的认识，虚拟现实技术的应用，能够让观众达到沉浸式体验。例如，故宫在 2014 年推出了动画版清宫旧藏《十二美人图》，这些古装娴静女子在数字技术加持下，活灵活现地展现出来，生动逼

真地展现了古代宫廷贵妇的生活。再如，故宫利用全景 VR 技术推出了全景故宫栏目，观众可以沉浸式欣赏故宫实景，不仅限于开放区域，未开放区域也可观赏。还有德国港口探索博物馆于 2019 年 5 月 13 日开放的汉堡港混合现实和近距离体验，采用 AR、VR 多项技术结合，使观众可以在沉浸式体验中领悟民风民俗。在 2020 年 10 月 15 日，湖南省博物馆（院）联合四川博物院、辽宁省博物馆、上海博物馆等 11 家博物馆共同举办了一场"闲来弄风雅——宋朝人慢生活镜像展"，运用 VR 技术、AR 技术，建立了立体环绕全景虚拟展厅，对文物进行多角度展示，帮助观众更好地了解历史。随着中国科学技术水平的提升和博物馆内在的发展需求，博物馆陈列展览的方式能够传达出博物馆的文化品位，还能够展示出博物馆人员的研究水平。融合了 VR 技术的数字博物馆不仅让冰冷的文物变得活灵活现，极大地丰富了观众的视觉和听觉体验，而且还带给观众更多新鲜有趣的观览体会。通过对博物馆展厅及相关环境进行打造，使观众在参观时更加直观地感受到博物馆的文化气氛，体验到身临其境的感觉，拉近了历史与观众之间的距离，进而增加了对中华优秀传统文化的感悟。

（二）加强博物馆文物藏品资源数字化

随着科学技术的不断变革和信息技术的飞速发展，为博物馆事业的发展提供了新机遇，在博物馆藏品数字化中更是广泛应用。藏品数字化是指利用数字信息手段对藏品基本信息、二维影像、三维扫描数据进行采集、加工，整合成数字博物馆的展出题材，并通过网络为公众服务，让观众熟知更多的历史信息。在藏品数字化建设中，首先要遵循相关国家标准，比如以 2001 年国家文物局发布的《博物馆藏品信息指标体系规范》和《博物馆藏品二维影像技术规范（试行）》，2004 年发布的《博物馆藏品信息指标著录规范》为指导，围绕以藏品数字化采集、加工为核心，以数据管理为基础，在数据共享及联动的基础上，达到全方位采集、加工的结果。藏品数字化不仅是记录藏品特征的文本描述，还可以是一组从各个角度拍摄的藏品高清照片，或是一段表达藏品用途、展示藏品制作过程的动画视频。网络信息的存储技术、检索技术，加快了博物馆数字化的建设速度，拓宽了藏品信息的利用范围。对于互联网上的藏品信息，观众可以不受时间和空间的限制，随时浏览，这使得博物馆在信息展示上可以更全面，能涉及博物馆各个方面的信息，且藏品的信息介绍配合详细的文字说明并可以附有大量照片，使观众通过网络获得更多的藏品信息。博物馆与观众通过网络建立联系，馆际之间也能通过网络进行信息资讯服务，通过这两种信息传播途径，使得博物馆利用信息化建设发展自身功能，从而使博物馆的智能化得以更好地实现。丰富的藏品资源，便捷的获得方式，使得观众可以方便灵活地在网上浏览查询。

(三) 利用官网做好宣传

博物馆的官方网站在博物馆数字化建设中起到了重要作用,展现了博物馆的文化吸引力,热门博物馆网站浏览量甚至超过百万,为观众提供了便捷丰富的信息。博物馆官方网站代表了博物馆的形象,传递了博物馆的文化。博物馆官网对文物信息、博物馆信息、博物馆活动进行推送,让博物馆保护、研究、教育、传播的功能得以实现。博物馆数字化平台构建需突出场景性、服务性、融合性、组件性、共享性。可以建设包括藏品管理系统,公众服务系统的一个网站,作为数字化成果的实施平台,观众通过平台,可以云游参观展览,预约参观。

(四) 用数字化理念承托博物馆建设

博物馆陈列展览方式以及公众服务水平都会影响到博物馆的发展和观众的观展体验。数字化建设对博物馆的发展起着重要作用,搭建了连接博物馆和观众的桥梁,博物馆借助数字技术能够为观众提供多样的服务。随着互联网的发展和智能手机的广泛使用,传统的导览方式已经落后于博物馆的发展,由此产生了数字化导览系统。数字化导览系统包括语音系统、实景系统。语音系统较为常见,观众通过扫描二维码获取语音服务,充分利用了互联网与智能手机服务模式,提高了参观的便捷性。实景系统可以依托平面图再现馆内实景,实现地图、文物信息、语音解说等功能的应用,观众可以输入自己想要了解的文物,导览系统就会通过实时定位获取观众的实时位置和目标文物的位置,给观众进行位置导航,让观众方便地到达准确位置观看想要观看的文物。观众在参观时可以不拘泥于固定展览线路,可以选择自己喜欢的藏品进行参观,在参观过程中导览系统可以自动将周围的藏品信息发送到观众的手机终端,观众可以通过文字说明、语音系统、视频信息加强对藏品的了解。有了导览系统观众可以在博物馆完全自主游览,使得参观学习的过程尤为轻松,从而吸引更多的观众,弘扬和传承我国悠久的历史文化。

(五) 搭建移动数字化平台服务观众

在数字化时代新技术日新月异,给用户提供了多样的选择。对于博物馆数字化平台而言,需要建构博物馆业务与新技术的融合。博物馆作为传播历史文化的载体,它的发展水平体现了一个城市的文化实力,传统的展览模式往往是静态的,观众被动地接收信息,但随着计算机技术、数字信息技术的发展,大众广泛地应用网络,通过搜索引擎获取信息,这些也会对观众获取信息的形式产生影响。将数字博物馆延伸至移动终端是大势所趋。所以,博物馆应该借用数字技术,服务公众。现在智能手机普遍应用,可以通过微信、抖音开设公众号、短视频平台，对博物馆的数字化成果进行推介，主动输出优秀的历史文化资源，不仅可以作为展示历史文物的平台，而且增加了与观众沟通的渠道。2012年，国家博物馆开通了微信公众平台，紧接着广东省博物馆、天津博物馆等各地的博物馆也开始用微信辅助导览，因为界面灵活、不用下载的优势，微信获得了更多博物馆的加持。观众想要获得参观咨询和展览信息，只需要关注博物馆的微信公众平台即可。微信具备开放的公众平台，消息推送的功能，在科学传播中也起到了重要作用。微信所具有的文字输入、图片传输、游戏互动等各种功能，都非常符合博物馆导览的服务需求，观众不仅可以收听到语音，还可以接收到藏品的图片，并可以参与游戏互动，使得博物馆的藏品活起来了。抖音短视频平台作为应用于博物馆数字化建设的工具，通过录制展览视频向观众介绍馆内文物，方便观众利用碎片化时间了解文物内涵，扩展历史知识。随着技术的深入发展，更是提升了科技与文化的结合。例如，抖音与三星堆博物馆达成合作，双方将共建三星堆抖音营销开发计划，包括建立四川广汉三星堆博物馆抖音官方账号，为公众提供准确、有趣味、有价值的信息资讯，策划年度重要主题的活动。

第四节 数字化背景下智慧博物馆的建设研究

博物馆是一个汇集人文、自然遗产的重要文化机构，将馆藏文物分类管理，有助于传承国家遗产、继承传统文化并发扬光大，有着重要的功能与作用。可以说，博物馆是对我国过去社会、文化、历史、技术等各个方面的传承载体，其自身具有的文化价值与历史意义不容小觑。在数字化时代背景下，博物馆仍然需要以自然和人类文化遗产实物为依托，借助现代技术与科学手段对馆藏文物加以保护，将文物保护与数字化技术有效融合，让智慧博物馆成为可能。本节对数字化背景下智慧博物馆的建设展开讨论。

一、当前数字化背景下建设智慧博物馆的意义

数字化背景是借助互联网为载体，根据逻辑程序建立起管理体系，并且利用数据的模式实现对实物的管理与相关信息的处理。数字化背景下，智慧博物馆就是将馆藏文物通过数据模式进行收集、归纳、整理，并且成立专业的信息管理平台，为博物馆开展管理工作以及文物收藏等提供便利条件，便于研究人员与参观者通过电子平台检索、了解文物的详细信息。与此同时，对参观者而言，运用数字化平台来获取博物馆中文物的信息能够更清晰明了地了解藏品的具体数量、历史故事及文物背后所蕴含的文化价值等。有些智慧博物馆中已经运用了VR技术、语音讲解，可以让参观者身临其境地感受这些文物所处年代或地点的部分情景与故事，或者只是通过数字化移动终端设备就可以有置身于博物馆实地参

观的感受，大大拓展了博物馆藏品的文化传播路径与传播渠道。在这一背景下，博物馆藏品展览方式摆脱了以往堆积存放的方式，而是通过数字化技术拓展博物馆藏品的空间延展性，并实现了时间上的可操作性，让参观者即使在有限的时间内仍然可以快速了解博物馆中的文物藏品。

建立智慧博物馆主要依托数字化平台。智慧博物馆在运转过程中，主要以满足观众需求为核心，通过合理协调博物馆之间的不同元素，保证人物、数据、场景、藏品之间的有效联系，借助大数据、互联网等科技手段，通过人为传播媒介促进文物保护与文物管理的共同发展。

二、建设智慧博物馆的难点

中华民族具有悠久的历史和绚烂的文化，传承下来的文物资源种类丰富、形式多元，展现着我国历史文明的变迁，是我国的艺术瑰宝。博物馆是储藏文物以及展示文物的关键场所，对文物保护与传承能够起到重要的作用。文物藏品是建设智慧博物馆的基础，因此，智慧博物馆的建设需要加强文物的管理与安全防范，但当前博物馆的管理情况却不尽如人意。

（一）文物管理缺乏完善的制度体系

博物馆文物管理工作需要严谨的流程，绝不是将文物收藏到库房即可，而是需要长期、系统的维护。因此，博物馆应有严格的文物管理制度，以达到精准化管理的目的。当前，我国博物馆文物管理方面仍然存在着制度体系缺乏的情况，影响了智慧博物馆的建设与发展。

（二）智慧博物馆基础设施欠缺

智慧博物馆的建设，对硬件、软件方面都有较高的要求，如计算机服务器、数字化平台以及终端设备等硬件，还包括一些高端技术软件，两者结合使用才能高效收录并便捷检索文物藏品的详细信息。但是，当前一些博物馆仍在建设智慧博物馆的起步阶段，缺乏现代化的服务设备，计算机不够先进，硬件环境差，条件不完备等，导致硬件系统、软件系统都难以满足数据库的基本要求，限制了智慧化博物馆的发展。

（三）智慧博物馆管理缺乏人才

智慧博物馆的建设势必对管理方面的技术要求更高，因此应该招聘专业人才，这些人才需要掌握数字化技术、文物保护知识、分析辨别知识、网络应用技术、电子数据技术

等，要求较高，因此在招聘中存在极大的难度。另外，当前智慧博物馆仍在建设的过程中，受资金、编制、技术等方面因素的影响，急缺专业人才，而专业人才的缺乏也影响了智慧博物馆的建设与发展。

三、数字化背景下智慧博物馆建设的有效策略

（一）采取数字化工具与技术，获取文物数据信息

智慧博物馆的建设基础是针对文物信息的储存功能，需要将文物的各类信息记录在平台，如某件文物的具体来源、历史背景、发现的时间和地点、入馆流程、组成的形态等，设置好相对应的图片及视频等相关数据。对于智慧博物馆来说，只有将这些文物信息完整地组合起来，完成数字化存储，才算建立成了一个完整的、系统化的信息数据库。使用数据库储存文物信息更加安全，传输更加准确，方便研究方向不同的学者各取所需，对这些文物进行全面研究与学习。过去研究博物馆中的文物时，研究人员收集与整理相关的资料需要耗费大量的精力、时间，或者需要多次提取文物以观测、勘察，极易对文物造成损害。建立并开放数据库能够帮助文物专家在最短的时间内精准定位文物信息，简化了整个研究的过程，提高了效率并保护了文物。另外，科学技术的应用可以提升精确度，对于一些重要文物来说，在保管与展览过程中，对数据观测的精准性要求较高。因此，采取数字化监控能够合理地控制文物保护的湿度、温度等环境因素，有助于为工作人员提供参考数据来及时调整文物的保护工作。举例来说，苏州博物馆是一座集现代化馆舍建筑、古建筑与创新山水园林于一身的综合性博物馆。当前，其智慧博物馆系统基于开放服务模式，符合可靠数字化仓储的具体要求，能够对一些文创产品、文创素材加以管理。同时，利用数字资源采集、制作出成品的三维图像、三维模型动画、集成渲染等，便于一些学者与参观者的研究与观看等，为人民群众提供了极大便利。

（二）以数字化实现资源共享，打破信息壁垒

当前，越来越多博物馆加入社会化建设行列，也就是说，博物馆要面向社会全面开放，并引导社会各界广泛参与其中。处在数字化背景下，文化发展越发多元，博物馆理应承担起自身的责任与担当，在多元文化中弘扬、传承我国优秀的传统文化。数字化背景下，博物馆应该利用互联网技术或者一些高端技术手段挖掘自身的资源，增强博物馆与社会之间的有益沟通、互动与交流，实现资源与信息的共享。众所周知，博物馆拥有的藏品资源是全社会、全人类的宝贵财富，应该走出"深闺"，让博物馆中的文物也能够"飞"入寻常百姓家。考虑到当前社会条件的制约，博物馆的一些文物开放速度相对较慢，利用

智慧博物馆实现藏品数字资源率先开放与共享，俨然已经成为大多数博物馆的共识和当前的趋势。

举例来说，几年前荷兰国立博物馆便打破了传统博物馆的模式，将二十多万份馆藏高清图片上传到互联网并将版权全部免费开放，实现了资源共享。这一举动不仅引发了社会的热议，受到了大众的关注，并且带动了建设智慧博物馆的趋势。如今，数字资源的发展趋势已经锐不可当，但开放数字资源共享绝非一朝一夕便能完成，需要后续的法律完善以及相关市场环境的配合。因此，博物馆应该保证自身的资源以及专业化程度，才能跟上建设智慧博物馆的脚步。如上海博物馆，在建设智慧博物馆过程中下了很大的功夫，不仅加大了对图像、数据的采集力度，对于一些图像数据的收录也在进行深加工。博物馆藏品数据的采集为建设智慧博物馆创造了更多的条件。

(三) 顺应时代浪潮，保证智慧博物馆多元且精深

当下社会发展中，网络尤其是移动网络俨然是人们生活中必不可少的了。数字资源在实际的传播过程中具有交互性、快捷性、多元化的应用特征，并且在传授关系上更能够凸显个性化、多元化。所以，智慧博物馆的建设应该搭上这班"快车"以确保能够发挥自身的利好优势，加快创新改革，合理应用数字媒体，与数字技术融为一体。如果博物馆仍然墨守成规，以电视、纸媒等传统的方式作为主要传播模式，将陷入传播路线窄、传播受众少等不利于发展的困境中。所以，在数字化背景下，博物馆应该合理挖掘网络传播资源，充分契合大众的喜好，建立起新型传播模式，扩大智慧博物馆的传播力度与范围。

如长沙博物馆改良了官方网站，建立了微信公众号，并且创建了博物馆多媒体信息发布系统，合理应用新兴技术平台开发了一些相关 APP，建立起了一个传播快、格调高、用户黏度强的数字化传播体系。除此之外，长沙博物馆也开设了一些阅读栏目，能够对馆中的藏品和文物等进行全面、立体化的解读与宣传，包括文物的质地、影像信息、制作手段、流经历史、工匠心得等相关信息，都以数字化形式展现在大众面前。观众通过阅读或者扫码，即可了解到文物的深度信息，享受智慧博物馆的别样魅力。

(四) 转变发展观念，建立智慧博物馆中人与物的主观联系

现阶段，博物馆已经从公共服务教育中心转变为自我学习的教育空间，是一种观念创新的表现。这一转变也表明，博物馆不再只是"讲解员讲述，观众听"的状态，而是激发了观众的主观能动性，使观众能够更主动地参与其中，这也需要智慧博物馆拓展服务范围，开发更个性化的服务。数字技术的引入便是这种教育形式转变的有力武器，即博物馆的教育形式可以从一人对多人，转变为一人对一人，学习内容更具有针对性，甚至可以为

一些观众量身定做。通过这样的服务，观众可以享受到更加个性化的服务。

例如，在一些智慧博物馆建设中采取移动应用服务就是个性化服务的亮点。智慧化博物馆立足于观众的现实条件、个性化差异等相关特征，借助新媒体技术为观众提供针对性服务，这既是新媒体技术发展的内在需求，也是博物馆文化转型的必然需要。纵观当前博物馆发展状况，数字技术应该对文物的内在活力进行挖掘，引导观众在欣赏文物的过程中，能够对文物的背景知识以及历史根源等进行深入的剖析。同时，在智慧博物馆中应该引导观众将博物馆的数字化环境、文物藏品与自身的经验建立起有效的连接，使观众从感性认知层面上升到理性认知面，以完成对知识的学习。例如，上海博物馆在建立了移动端系统之后，已经实现了青铜陈列馆、家具陈列馆、雕塑陈列馆的全面开放，主要利用WI-FI定位新媒体的新技术在数字化移动终端设备上就可以进行实时定位、交流互动等不同的功能，极大地促进观众自主性学习，为观众创造了学习空间与学习趣味。

（五）建立智慧博物馆电子门票，便于控制人数与参观流程

对于智慧博物馆建设来说，可以利用大数据平台进行计算，建立起电子门票体系，并利用电子门票对博物馆参观人员的信息、行为、流程等加以监督管理。一旦发现参观人员伤害馆藏文物的情况，可以依法依规追寻到个人的责任。同时，利用电子门票也可以控制博物馆的参观人数，避免超负荷参观，加强文物保护。

在数字化时代，谁掌握了数据，就掌握了发展的主动权。智慧博物馆的建设绝对不是一蹴而就的，而是需要历经一个复杂而艰巨的过程。可以说，博物馆数字化建设、智慧化发展，也是迎合社会进步与大众需求的重要趋势，让博物馆管理模式的创新改革得到跨越性的发展。因此，智慧博物馆建设应该加大人力资源与相关资金的投入，并且立足于当下的实际情况，建立起能够具有自身特色的管理模式，推动文博事业的蓬勃发展。

参考文献

[1] 耿超．博物馆学理论与实践［M］．北京：科学出版社，2018．

[2]《博物馆概论》编写组．博物馆学概论［M］．北京：高等教育出版社，2019．

[3] 李晓璐编；贺丽，李婵译．博物馆［M］．沈阳：辽宁科学技术出版社，2011．

[4]《北京指南》系列丛书编辑部．博物馆［M］．北京：中国档案出版社，2008．

[5] 段勇．当代中国博物馆［M］．南京：江苏凤凰文艺出版社，2022．

[6] 郭之文．中国博物馆之旅［M］．上海：上海科学技术文献出版社，2020．

[7] 北京市文物局，北京博物馆学会．我的博物馆记忆［M］．北京：北京燕山出版社，2021．

[8] 王婷．博物馆教育项目的策划与实施［M］．北京：国家行政学院出版社，2018．

[9] 刘立杆．尘埃博物馆［M］．北京：北京联合出版公司，2022．

[10] 张波．博物馆里的周秦汉唐［M］．西安：世界图书出版公司，2022．

[11] 中国博物馆协会．中国考古遗址博物馆·史前遗址博物馆［M］．苏州：凤凰文艺出版社，2022．

[12] 丁卫泽．教育技术博物馆建设与场馆学习［M］．北京：科学出版社，2016．

[13] 弗朗西斯·哈斯克尔．短暂的博物馆：经典大师绘画与艺术展览的兴起［M］．翟晶，译．苏州：凤凰美术出版社，2020．

[14] 李德庚．流动的博物馆［M］．北京：文化艺术出版社，2020．

[15] 牛志文，黄鹤，米瑞霞．现代博物馆陈设与博物馆发展［M］．北京：中国商务出版社，2019．

[16] 鞠叶辛．博物馆之美：文化消费时代的博物馆设计［M］．北京：中国建筑工业出版社，2021．

[17] 崔卉．博物馆教育项目的策划与实施［M］．哈尔滨：哈尔滨出版社，2020．

[18] 朱秀梅．博物馆建设发展与文物保护研究［M］．长春：吉林人民出版社，2022．

[19] 中国博物馆协会,上海博物馆. 中国博物馆协会博物馆管理专业委员会论文集［M］. 上海：上海书画出版社,2020.

[20] 黄洋,陈红京. 博物馆陈列展览设计十讲［M］. 上海：上海交通大学出版社,2019.

[21]〔法〕米歇尔·布托尔. 想象艺术博物馆［M］. 上海：上海人民美术出版社,2021.

[22] 孔健,徐艳. 博物馆文物陈列与文物保护研究［M］. 长春：吉林大学出版社,2021.

[23] 刘翰林编；李婵译. 博物馆设计［M］. 沈阳：辽宁科学技术出版社,2016.

[24] 任宇娇. 博物馆教育活动理论与实践［M］. 长春：吉林人民出版社,2020.

[25] 中国园林博物馆. 中国园林博物馆学刊［M］. 北京：中国建材工业出版社,2020.

[26] 俄军,姜涛. 博物馆学概论［M］. 兰州：兰州大学出版社,2020.

[27] 纽太普. 孤独博物馆［M］. 长沙：湖南文艺出版社,2017.

[28] 知识达人. 著名博物馆［M］. 成都：成都地图出版社,2017.

[29] 傅振伦. 博物馆学概论［M］. 北京：商务印书馆,1957.

[30] 文化部文物局. 中国博物馆学概论［M］. 北京：文物出版社,1985.

[31] 沈恬. 新时代博物馆教育活动的策划与实施［M］. 长春：吉林人民出版社,2019.

[32] 江苏省博物馆学会. 博物馆学概说［M］. 南京：江苏省博物馆学会,1983.

[33] 郭俊英,王芳. 博物馆：以教育为圆心的文化乐园［M］. 广州：暨南大学出版社,2011.

[34] 严允. 物联网技术在数字化博物馆建设中的应用［J］. 文化创新比较研究,2018,2(13)：68+74.

[35] 武昭晖. 物联网技术在数字化博物馆建设中的应用研究［J］. 地球学报,2017,38(02)：293-298.

[36] 李静. 文旅融合背景下博物馆数字化建设的研究［J］. 艺术品鉴,2023（15）：101-104.

[37] 李平. 文旅融合背景下中国智慧博物馆建设研究［D］. 河南大学,2023.

[38] 蒙治坤. 数字化背景下的智慧博物馆建设探究［J］. 文物鉴定与鉴赏,2021（15）：160-162.

[39] 彤丽格. 数字化博物馆的多媒体技术 [J]. 内蒙古民族大学学报（社会科学版），2023，49（02）：120-124.

[40] 窦文龙. 博物馆在数字化建设中面临的问题、创新案例及建议 [J]. 科学教育与博物馆，2023，9（02）：46-53.

[41] 王金，鲁宁. 新时代博物馆数字化建设初探 [J]. 炎黄地理，2022（12）：70-72.

[42] 黄桂香. 论如何在博物馆文物展览中融入红色文化教育 [J]. 文物鉴定与鉴赏，2021（23）：156-158.

[43] 王晓明. 传统节日文化在博物馆教育中的应用 [J]. 文物鉴定与鉴赏，2021（23）：132-134.

[44] 潘宇鹏. 博物馆转型升级与文化教育实现策略 [J]. 文物鉴定与鉴赏，2021（01）：150-152.

[45] 刘鹏芳. 博物馆文化教育的可持续发展拓展性分析 [J]. 中国民族博览，2022（11）：201-204.